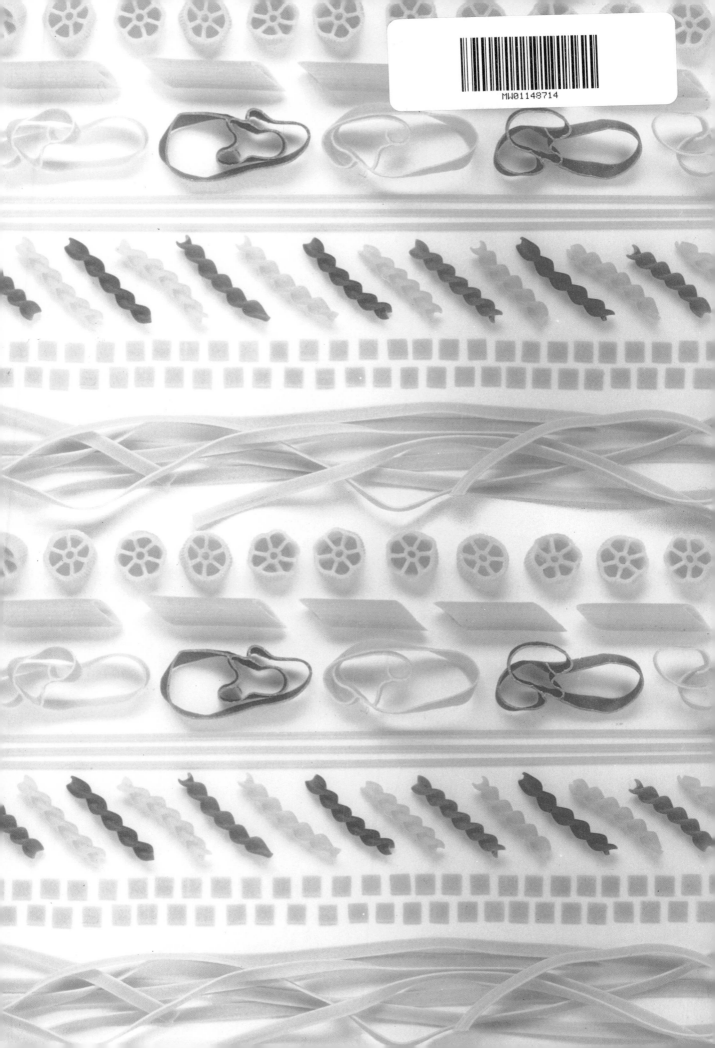

MW01148714

LA
PASTA
CLASICA

LIBRO DE COCINA

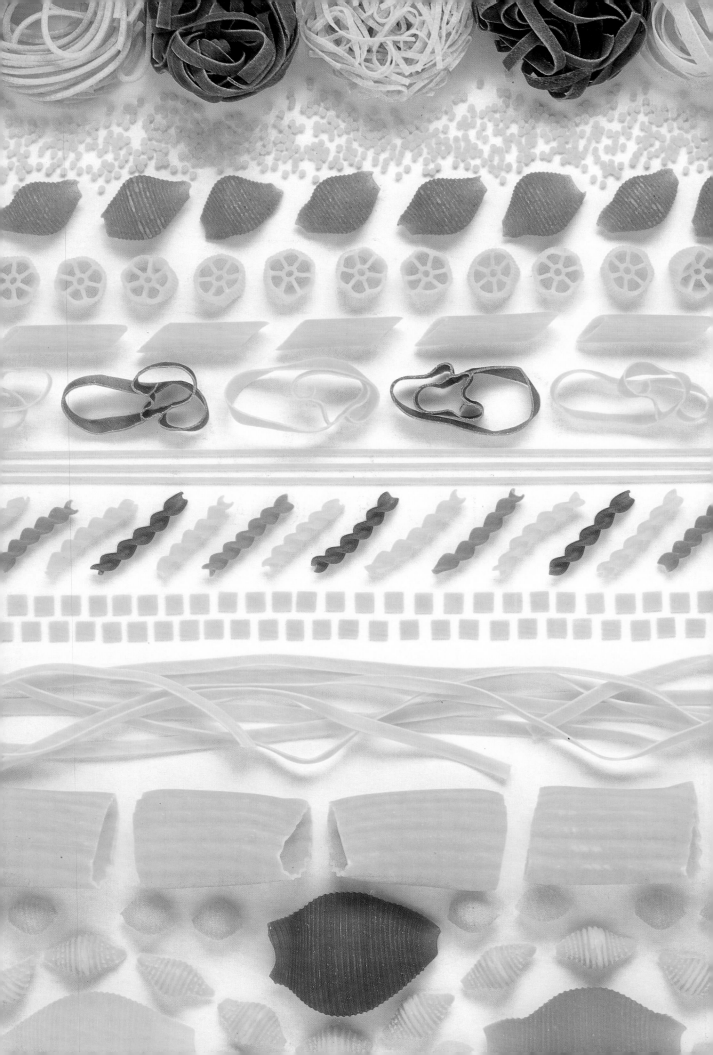

GIULIANO HAZAN

LA

PASTA

CLASICA

LIBRO DE COCINA

Javier Vergara Editor s.a.

A DORLING KINDERSLEY BOOK

Traducción
Emilia R. Ghelfi

Fotografías
Amanda Heywood y Clive Streeter

Coordinadora de realización
Graciela Equiza

Composición
Taller del Sur

A mia mamma, con tanto amore

© 1993, Dorling Kindersley Limited, Londres
© del texto: 1993, Giuliano Hazan
© del prólogo: 1993, Marcella Hazan
© traducción: Javier Vergara Editor

ESTA ES UNA COEDICION DE JAVIER VERGARA EDITOR
CON DORLING KINDERSLEY LTD.

Paseo Colón 221. (1399) Buenos Aires, Argentina
Edición especial para América

ISBN 950-15-1369-6

Tercera edición: 1996

Todos los derechos reservados.
Esta publicación no puede ser reproducida, ni en todo ni en
parte, ni registrada en o transmitida por, un sistema de
recuperación de información, en ninguna forma ni por ningún
medio, sea mecánico, fotoquímico, electrónico, magnético,
electroóptico, por fotocopia o cualquier otro, sin el permiso
previo por escrito de la editorial.

Impreso y encuadernado en Italia por
A. Mondadori Editore, Verona

INDICE

PROLOGO 6
por Marcella Hazan

INTRODUCCION 8

UN CATALOGO DE PASTAS

COMO HACER Y SERVIR PASTAS

SALSAS CLASICAS

*Instrucciones fáciles de seguir, con una
guía fotográfica única de los ingredientes*

RECETAS

*Recetas tradicionales y modernas
ordenadas según la forma de las pastas*

PROLOGO

No todos los días una madre tiene la oportunidad de presentar a su hijo a los lectores. Cuando esto sucede, debe aprovechar el conocimiento único que posee de las aptitudes y experiencias que han guiado al autor hacia su vocación. Debe comenzar por el principio, que es lo que me propongo hacer.

La pasión de Giuliano por las pastas surgió un día durante la cena cuando tenía tres años de edad. Era la primera vez que tenía delante de sí un plato de pastas, y recuerdo muy bien lo que era: *tortelloni* caseros que había preparado su abuela, rellenos de *ricotta* y acelga suiza. Sin parar siquiera para respirar, devoró una porción que debería haber agotado la capacidad de un hombre adulto, y no bien terminó se quedó dormido. Salió de su letargo convertido en un devoto de las pastas, devoción que ha alimentado y que lo ha alimentado desde ese día.

Desde muy temprano, la aptitud de Giuliano para consumir pastas coincidió con el interés en producirlas. La cocina fue su lugar favorito para jugar. Comenzó a picar cebollas no bien sus manos pudieron sostener con firmeza un cuchillo, y a revolver las salsas ni bien alcanzó la altura necesaria para observar la cacerola sobre la hornalla. Al crecer, cocinar fue para él tan común como jugar a la pelota para otros niños.

Sé que no le molestaría reconocer la deuda que tiene con la cocina de los Hazan, donde las recetas que se probaban constantemente suministraron a su talento el terreno más favorable para desarrollarse. Pero la deuda no es toda de él. La forma publicada de muchas de esas recetas debe mucho a su paladar, con frecuencia considerado como el instrumento de degustación oficial. A aquellos que no han observado a Giuliano trabajando, sólo puedo describirles su paladar como poseedor de lo que sería el equivalente gastronómico de un registro perfecto.

Al leer y probar las recetas que ha dejado en este libro, el lector verá lo que quiero decir. Los sabores sensatamente equilibrados, su delicada mano para las hierbas y los condimentos, las iluminadas combinaciones de la salsa con la forma y el tipo de pastas que mejor se adapten a ellas, todo muestra un extraordinario compromiso y el dominio de esos principios culinarios cuyo único objetivo es producir un sabor satisfactorio. Nunca encontrará a Giuliano preguntándose qué puede hacer que sea diferente, sino qué puede hacer que tenga mejor sabor.

En mi vida de cocinera, antes de que se convirtiera en mi profesión y desde entonces, siempre he aprendido la mayoría de las cosas sobre la cocina de aquellos que la abordaron a partir de un amor irresistible. Este libro es el producto de un amor de ese tipo. Cualquier cocinero que lo use se sentirá deliciosamente recompensado. A decir verdad, hay muchas cosas que yo misma estoy deseando probar. *¡Bravo Giuliano!*

INTRODUCCION

P ara mí, pocas comidas pueden competir con la satisfacción y el placer de comer un buen plato de pastas. Es difícil imaginar muchos italianos que sobrevivan sin ellas. De hecho, cuando los primeros inmigrantes italianos llegaron a los Estados Unidos, a fines del siglo XIX, pronto fueron seguidos por barcos del sur de Italia cargados de pastas. Para 1913, se habían exportado a los Estados Unidos casi 700.000 toneladas.

Los historiadores de la comida han debatido mucho sobre el origen de las pastas. Se ha atribuido a Marco Polo el descubrimiento de ellas en China y el ingreso a Italia en 1295, pero los historiadores italianos afirman que las pastas ya se conocían y se usaban en Italia antes de que Marco Polo hubiera siquiera nacido. Los sicilianos dicen que las inventaron, y brindan como prueba la referencia a los "macarruni" en la literatura, mientras que una escritora napolitana de fines del siglo diecinueve, Matilde Serao, cuenta una fábula que intenta designar a Nápoles como el lugar donde la pasta hizo su primera aparición.

Escribió que en 1220 vivía en Nápoles un mago llamado Chico. Rara vez salía de sus habitaciones en el piso superior de la casa excepto para ocasionales excursiones al mercado en busca de diversas hierbas y tomates. (Conseguir tomates fue un buen truco de magia de parte de Chico, porque todos en Europa tuvieron que esperar otros 400 años, hasta que los europeos llegaran a América.) Pasaba sus días delante de un caldero burbujeante, y sus noches revisando antiguos textos y manuscritos. Después de muchos años, alcanzó su meta. Se regocijó al saber que había descubierto algo que contribuiría a la felicidad de toda la gente.

Durante todo ese tiempo, Jovanella, cuyo marido trabajaba en la cocina del palacio del rey, había estado espiando a Chico en todos sus movimientos desde el balcón de su casa que daba a las habitaciones del mago. Cuando finalmente descubrió el secreto, se lo contó a su marido: "Ve a decirle al cocinero del rey que he descubierto una nueva comida tan exquisita que merece ser probada por Su Majestad". Así, su marido habló con el cocinero, que habló con el mayordomo, que habló con un conde, que, después de grandes deliberaciones, habló con Su Majestad. El rey, que estaba aburrido de su comida, recibió con beneplácito la oportunidad de probar algo diferente. Jovanella fue admitida en la cocina real y comenzó a preparar lo que había visto crear al mago.

Combinó harina, agua y huevos para formar una masa, que, con mucho esfuerzo, estiró hasta que quedara tan delgada como un pergamino. La cortó en tiras y formó anillos, que dejó secar. Luego cocinó cebollas, carne y tomates sobre fuego muy lento durante largo rato hasta que formaron la salsa. Cuando llegó el momento de comer, cocinó la pasta en agua hirviendo, la coló y la mezcló con la salsa y con "el famoso queso de Parma". El rey quedó tan impresionado por lo que ella había hecho que le preguntó cómo había logrado inventar algo tan notable. Respondió que un ángel se lo había revelado en sueños. El rey ordenó que fuera cuantiosamente recompensada por haber hecho una contribución tan importante a la felicidad de la humanidad. Un día, Chico sintió que el aroma de su maravillosa invención provenía de una casa vecina. Incrédulo, preguntó qué se estaba preparando. Se le dijo que un nuevo plato maravilloso que un ángel había revelado en sueños a una mujer. Con el corazón destrozado, salió corriendo y no se lo volvió a ver nunca más.

Cualquiera fuera la forma en que aparecieran por primera vez, los italianos han estado haciendo pastas durante siglos. Aunque se han procesado de muchas maneras diferentes, los ingredientes básicos siguen siendo los mismos. Hay dos categorías principales: pastas hechas con agua y harina y pastas hechas con huevo. Es importante comprender las características de cada una.

Las pastas hechas con agua y harina usan harina hecha de trigo durum (duro), una harina de alto contenido de gluten, llamada en italiano *semolina*. Esta categoría incluye pastas envasadas como *spaghetti*, tubos y muchas de formas especiales. Son firmes y van bien con salsas picantes y sabrosas y con las que tienen una base de aceite de oliva. Estas pastas se compran en negocios y son mejores cuando se hacen en fábricas. Se necesitan máquinas industriales de fuerza para amasar la masa dura y se requieren cámaras con control de humedad y temperatura para secar las formas finales de modo que no se quiebren y rompan al cocinar. No conozco ninguna marca fabricada fuera de Italia que pueda igualar la calidad de las pastas italianas hechas con harina y agua.

La otra categoría de pastas es la que se hace con harina y huevos, y se las llama en general pastas caseras al huevo o simplemente pastas caseras, aunque a menudo también se las conoce, de un modo inadecuado, como "pastas frescas". Se hacen con una harina de trigo blando, conocida en Italia como "00", y en algún aspecto equivalente a la harina común para todo propósito. La receta para la masa varía según la región. En Toscana, por ejemplo, se agregan un poco de aceite de oliva y sal, y en Liguria se usa un poco de agua. Pero en Emilia-Romagna, que es famosa por producir las mejores pastas caseras y es el lugar de nacimiento de *los tagliatelle, tagliolini, lasagne* y varias pastas rellenas, la masa se hace usando sólo harina y huevos y nada más (excepto espinaca o pasta de tomate). Las pastas al huevo son capaces de absorber salsas con más facilidad que las de agua y harina. Estas pastas se adaptan mejor a las salsas a base de crema o mantequilla, y a salsas más suaves que son compatibles con su delicada textura. Con salsas en las que predomina el aceite de oliva, las pastas al huevo absorben demasiado aceite y se vuelven resbaladizas y pegajosas.

Las pastas al huevo, a diferencia de las pastas compradas en negocios, deben ser hechas en casa. Las mejores pastas caseras son porosas, de delicada textura y muy delgadas, un resultado que puede alcanzarse sólo amasando la masa a mano y afinándola con un palo de amasar. También pueden obtenerse muy buenas pastas al huevo amasando con una máquina. En este caso, hay que estar dispuesto a sacrificar parte de la porosidad y la textura. Las llamadas pastas "frescas" que se encuentran en los refrigeradores de los supermercados y en los negocios de especialidades son las peores pastas al huevo. Los fideos son generalmente demasiado gruesos, la masa está hecha con *semolina*, que es una harina demasiado dura para pastas al huevo, y se hallan refrigeradas para que se las pueda llamar "frescas". El frío es el mayor enemigo de las pastas. De hecho, se deben evitar los ingredientes fríos o las superficies frías cuando se las hace, y la mejor manera de conservarlas es dejar que se sequen por completo y luego mantenerlas a temperatura ambiente. No tiene ninguna importancia si las pastas son "frescas" o no. No hay ninguna diferencia apreciable entre las pastas usadas inmediatamente después de hechas, mientras todavía están húmedas, y las pastas que se han secado por completo y han sido guardadas durante varias semanas. Si hay que comprar pastas al huevo, se deben buscar los fideos envasados que han sido secados y enrollados en nidos y controlar los ingredientes para asegurarse de que estén hechos con huevo.

Una de las cosas más difíciles para alguien que no haya crecido comiendo pastas en Italia es desarrollar la sensibilidad necesaria para combinar correctamente las pastas con las salsas. Es una de las cosas más complicadas de explicar respecto de las pastas. No se trata de una cuestión de mera autenticidad, sino de alcanzar el mejor complemento de sabor y textura. La misma salsa puede resultar un plato mediocre o un plato fabuloso según el tipo y la forma de pastas que se use. Realice las recetas de este libro con las pastas que se indican o con alguna de las alternativas, si las hay, que se encuentran al final de cada receta. Pronto su paladar se habrá entrenado y logrará saber, instintivamente, qué pasta es la que mejor combina con determinada salsa.

Espero que este libro aclare los malos entendidos sobre pastas italianas y brinde las nociones fundamentales, necesarias para preparar, servir y disfrutar de una de las mejores comidas que se haya creado. *¡Buon appetito!*

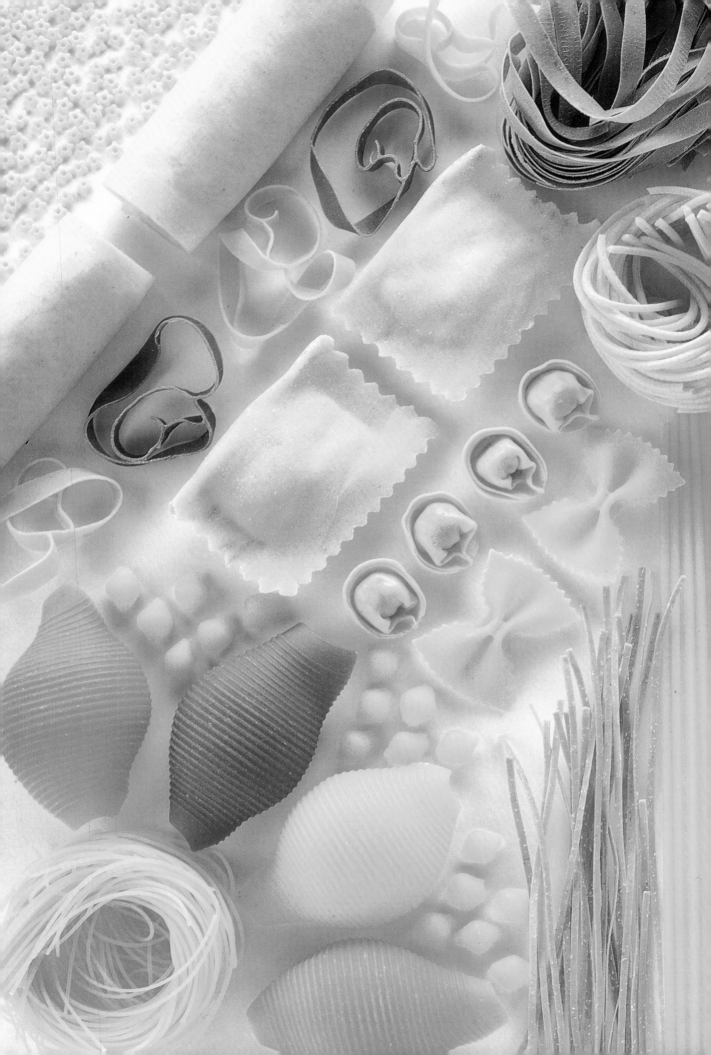

UN
CATALOGO
DE PASTAS

Las pastas se han desarrollado, a través de la
historia, creándose una extraordinaria cantidad de
variedades y formas. Los nombres de esas formas
varían de acuerdo con la región, y a veces el mismo
nombre se aplica en diferentes lugares a diferentes
formas. Si se quisiera describir todas las alternativas
posibles, y todas las pastas, desde las más comunes
hasta las más raras, se necesitaría una enciclopedia.
Este catálogo introduce todas las pastas más probables
de encontrar, ordenadas por forma y por tipo.

PASTA LUNGA

Pastas Largas

Todas las formas de pastas se pueden agrupar en pastas largas o pastas cortas. Las formas largas, ilustradas aquí son las pastas secas, hechas comercialmente con agua y harina. Con excepción de los *fusilli*, estas pastas combinan mejor con salsas a base de aceite de oliva y tomate, que con salsas que tengan trozos de verdura o carne. Una buena guía para tener en cuenta es si todos los ingredientes de la salsa se adhieren a la pasta larga cuando esta se enrolla en el tenedor.

SPAGHETTI

Probablemente la más conocida de todas las pastas, los spaghetti *son una invención magistral. Su firme textura los convierte en el vehículo perfecto para una amplia variedad de salsas.*

Spaghetti de harina integral, de tomate y de espinaca

Spaghetti comunes

CAPELLI D'ANGELO

El nombre significa "cabello de ángel" y la pasta es buena con caldo o, si está hecha en casa con huevos, sirve para un maravilloso postre (ver página 148). Nunca se sirve con salsa.

SPAGHETTINI

El ini *al final de la palabra significa pequeño, de modo que estos son "spaghetti delgados". Su forma delicada los convierte en la pasta ideal para salsas livianas y picantes.*

SUGERENCIA DE SALSAS

Los *spaghetti* son perfectos también para salsas con mariscos, como por ejemplo la de *frutti di mare* (página 78), camarones (página 74) o mejillones (página 81). O pruebe los *bucatini* con una salsa de tomate de las páginas 84-5.

**Spaghettini alle erbe
(página 72)**

**Spaghetti alla carbonara
(página 66)**

**Fusilli lunghi alla rustica
(página 76)**

LINGUINE

Su nombre significa "lenguas" y su forma plana y resbaladiza es mucho más popular fuera que dentro de Italia. En Italia sólo hay linguine en algunas regiones del sur.

Bucatini

BUCATINI

También llamados perciatelli, *estos* spaghetti *con agujero (como pajitas para beber) son maravillosos con las salsas contundentes que se encuentran en el sur y centro de Italia. Los* bucatoni *son un poco más gruesos que los* bucatini.

Bucatoni

FUSILLI LUNGHI

Estos son "resortes largos", como los cables de teléfono. Son buenos con salsas con trozos de carne o verdura, que se adhieren bien a las curvaturas de la pasta.

FETTUCCE

Cintas

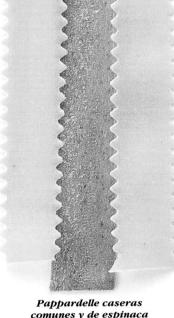

E ste es el tipo más popular de pastas caseras al huevo. Son mejores cuando se las amasa a mano, pues se obtiene una pasta delicada y de textura porosa, que absorbe y atrae como ninguna otra a salsas a base de mantequilla y de crema. Las pastas al huevo amasadas a máquina también son buenas, aunque no pueden igualar a las amasadas a mano. Si tiene que usar pastas al huevo compradas en un negocio, adquiera sólo la versión seca. Las pastas al huevo llamadas "frescas" son, en general, de baja calidad, lo que significa una pérdida de tiempo, de dinero y de salsa.

Pappardelle caseras comunes y de espinaca

TAGLIATELLE

Boloña es la tierra de las tagliatelle, *y los boloñeses han llegado a fabricar en oro la perfecta* tagliatella *para mostrarla en la Cámara de Comercio. Su combinación más clásica es con la salsa de carne llamada Boloñesa (ver página 62).*

Tagliatelle caseras comunes, extendidas y en un nido

PAPPARDELLE

En Boloña, también se las llama larghissime, *lo que significa "muy anchas". Son las cintas más anchas y pueden cortarse con el borde liso o aserrado.*

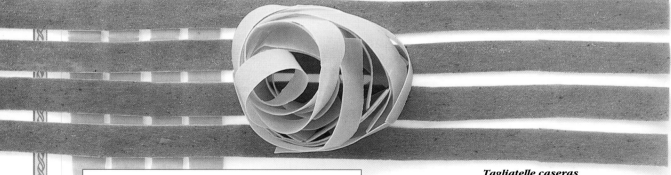

Tagliatelle caseras de espinaca

ANCHO DE LAS PASTAS EN FORMA DE CINTA

Tamaños aproximados

Tonnarelli 1,5 mm cuadrados

Tagliolini 2 mm

Fettuccine/trenette 5 mm

Tagliatelle 8 mm

Pappardelle 2 cm

PIZZOCCHERI

Esta pasta está hecha con huevos y una combinación de harina común y de harina de trigo sarraceno. Es una especialidad de la región Valtellina en Lombardía, sobre la frontera suiza.

SUGERENCIA DE SALSAS

Si desea un plato diferente, pruebe *fettuccine* con trufas blancas o naranja y menta (página 94), o con limón (página 96), o *tonnarelli* con melón (página 106).

Pappardelle coi fegatini di pollo (página 102)

Fettuccine all'Alfredo (página 64)

Tonnarelli al melone (página 106)

TONNARELLI

Esta pasta, cuya forma se parece a spaghetti *cuadrados, es originaria de los Abruzzos donde se la llama* maccheroni alla chitara. Chitara *es una guitarra, y la pasta recibió ese nombre porque se hacía presionando con un palo de amasar una gruesa capa de masa para que atravesara una herramienta con cuerdas de alambre semejante a una guitarra.*

Fettuccine caseras con nidos de la versión seca que se compra en el comercio

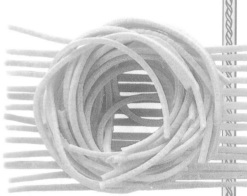

Tonnarelli comunes, extendidos y en nido

Tagliolini de espinaca   **Tagliolini comunes en nido**

FETTUCCINE

También llamadas trenette, *son probablemente la pasta en forma de cinta más conocida. Son más angostas que las* tagliatelle *y se adaptan mejor a las delicadas salsas a base de crema.*

TAGLIOLINI

Esta es una de las cintas más angostas. En ocasiones se sirve con salsa pero lo más común es con caldo.

PAGLIA E FIENO

La combinación de fettuccine *verdes (de espinaca) y amarillas (de huevo solo) cocinadas y servidas juntas se llama* paglia e fieno *o "paja y heno".*

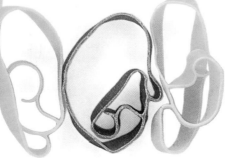

TUBI
Tubos

L as pastas tubulares son firmes, muy sabrosas, y van bien con una gran variedad de salsas. Las cavidades, especialmente en los tubos más grandes son ideales para atrapar apetitosas porciones de salsa. Su versatilidad es tal que son unas de las pocas pastas de harina y agua, compradas en negocios, que pueden servirse con salsas a base de crema. Hay tubos de muchos tamaños. Algunos son grandes, como los *gigantoni* que están en la página opuesta, y no se los puede mezclar con salsa. Sólo se los puede cocinar al horno.

PENNE
Estas son tal vez las pastas tubulares más usadas. Su nombre, que significa "plumas", se debe a que sus extremos terminan con la forma de una pluma de escribir. Se las encuentra lisas (lisce*) o* acanaladas (rigate*) y en una variedad de tamaños. Las* penne ziti *son más gruesas que las penne regulares. Las* pennoni (penne *"gordas") son las más grandes y las menos comunes.*

Penne lisce

**Penne
rigate
comunes
y de espinaca**

Penne ziti lisce

Penne ziti rigate

Pennoni lisci

Pennoni rigati

SUGERENCIA DE SALSAS

Los tubos más pequeños se sirven con salsas de verdura, como coliflor y crema (página 108), y algunas salsas de carnes, como pollo (página 112), o salchicha (página 116).

Penne all'arrabiatta (página 56)

Garganelli al prosciuto e asparagi (ver Fettuccine, página 95)

Cavatappi alla boscaiola (página 110)

GARGANELLI

Es el único tubo que se hace tradicionalmente a mano a partir de una masa al huevo (ver las instrucciones en la página 41).

ELICOIDALI

El nombre significa "helicoidales" y son tubos de puntas derechas con canales que se curvan alrededor de los tubos. Son casi intercambiables con los rigatoni (ver página 21), aunque son más angostos.

CAVATAPPI

Son "sacacorchos" y se parecen a una sección alargada de los fusilli largos (ver página 15). Son divertidos para comer pues sus formas retorcidas se envuelven de maravillas en las salsas.

TUBI
Tubos

MACCHERONI

Este nombre era sinónimo de pasta cuando hizo su aparición en las cortes aristocráticas del sur de Italia. Ahora maccheroni *es un término general que puede aplicarse a una cantidad de pastas tubulares. Los* boccolotti *y los* chifferi *son los más usados en sopas o con mantequilla y queso para niños pequeños. Los* denti d'elefante, *que significa "dientes de elefante", y los otros dos* maccheroni *que se muestran son variantes del tubo básico. Los* chifferi, *más abajo, también son llamados* gomiti, *o pasta "en forma de codo", debido a su forma doblada.*

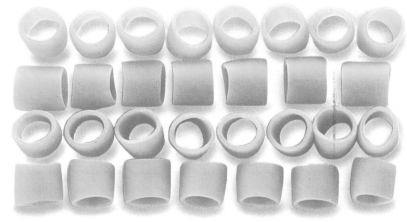

Boccolotti

Maccheroni lisci

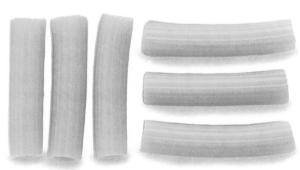

Denti d'elefante

Maccheroni rigati

Chifferi lisci

Chifferi rigati

SUGERENCIA DE SALSAS

Los tubos más grandes son ideales para salsas con carne. También se pueden disfrutar con las salsas para *pappardelle*, con hígado de pollo, de la página 102.

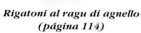

Maccheroni alla salsiccia e ricotta (página 117)

Rigatoni al ragu di agnello (página 114)

Millerighe al coniglio (ver Pappardelle, página 103)

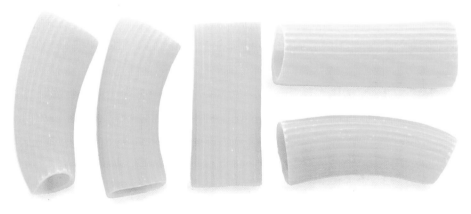

RIGATONI

Estos tubos grandes, muy sabrosos y tiernos son una forma clásica y popular en Italia. Son excelentes con salsas con carne o simplemente mezclados con mantequilla, queso parmesano y un poco de crema.

MILLERIGHE

El nombre significa "mil líneas" debido a los muchos canales que hay en su superficie. Son similares a los rigatoni excepto por el hecho de que son rectas y no ligeramente curvas.

GIGANTONI

Giganti quiere decir en italiano "gigantes" y la terminación oni significa "muy grandes", por lo tanto estos son "super gigantes". Son demasiado grandes para comer mezclados con salsa, pero se adaptan bien para platos al horno.

FORME SPECIALI

Formas especiales

Los fabricantes de pastas italianos han creado una inmensa variedad de formas especiales. Todo el tiempo se inventan formas nuevas, pero las tradicionales tienden a predominar. No hay ninguna, sin embargo, cuyo único propósito sea complacer la vista: cada forma produce una sensación particular en el paladar y se adapta mejor a un tipo determinado de salsa. Muchas de las formas especiales que se muestran aquí son ideales para salsas con trozos de verdura o carne porque permiten que estos se adhieran a sus numerosos pliegues y cavidades.

CONCHIGLIE

Estas son "conchillas", de diversos tamaños. Las más pequeñas se usan en general en sopas y las de tamaño intermedio con salsas. Las más grandes, por lo común, se rellenan aunque son raras en Italia porque la cantidad de relleno que requieren ahoga a la pasta.

FARFALLE

El nombre significa "moñitos" o "mariposas". Los que se muestran aquí son hechos comercialmente con masa de agua y harina, pero pueden ser hechos a mano con masa al huevo, como se ve en la página 41.

Pequeñas conchillas de remolacha, azafrán y espinaca

Conchas gigantes de espinaca, comunes y de tomate

Conchillas comunes de tamaño mediano

Conchillas de trigo integral de tamaño mediano

SUGERENCIA DE SALSAS

Se pueden probar los *lumache, gnocchi* o *radiatori* con alcauciles o alcachofas, *pancetta*, jugo de limón y tomillo (*ai carciofi*, página 126). O los *conchiglie, lumache* o *gnocchi con ragu*, ya que todas estas pastas pueden sostener una salsa de carne (páginas 62 y 114).

Farfalle al salmone (página 121)

Conchiglie alla salsiccia e panna (página 125)

Orechiette con brócoli (Ver Orechiette alla verza, página 129)

GNOCCHI

Los verdaderos gnocchi son bollos de masa de papa hervidos. Estas pastas se hacen con una forma similar. Los gnocchetti son pequeños y sardi indica el estilo sardo.

Gnocchetti sardi

Gnocchi sardi

Riccioli (o "rizados") también conocidos como gnocchetti

Gnocchi

LUMACHE

Su nombre se traduce como "caracoles", en alusión a sus formas curvas como las de un caracol. Los más grandes que están a la derecha son lumacone o "caracoles gordos".

ORECCHIETTE

Una especialidad de Apulia, en el sudeste de Italia. El nombre significa "pequeñas orejas". Tradicionalmente se hacen a mano de una masa de trigo duro sin huevo que se presiona con el pulgar sobre la palma de la mano.

RADIATORI

Estas formas se llaman "radiadores" porque se parecen a pequeños aparatos para calefacción.

FORME SPECIALI

Formas especiales

FUSILLI

Estas formas también se llaman fusilli corti o resortes cortos, para diferenciarlas de los fusilli que mostramos con las pastas largas (página 15). Eliche significa hélice, y estas formas son una espiral ligeramente más abierta. Los fusilli bucati tienen un agujero que los atraviesa, como lo indica la palabra bucati que significa "perforados".

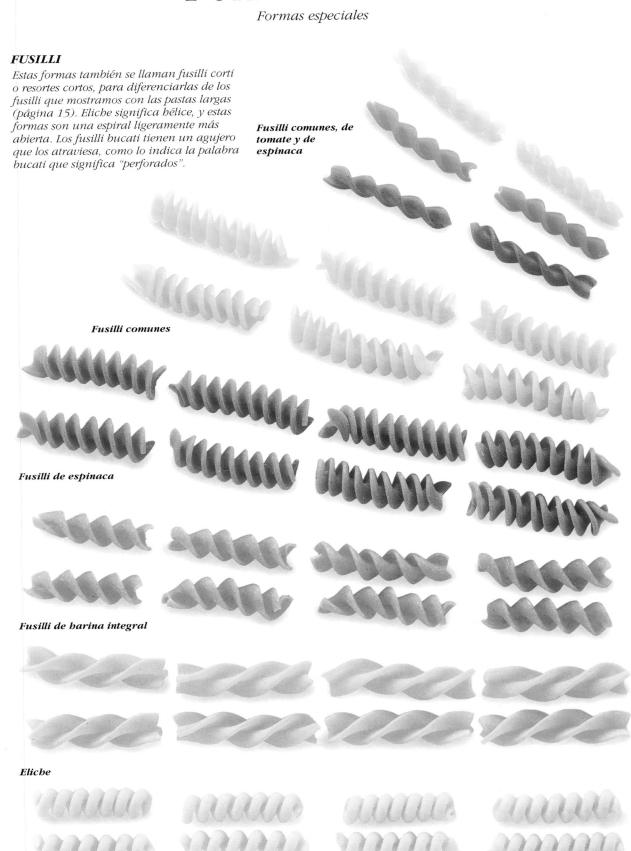

Fusilli comunes, de tomate y de espinaca

Fusilli comunes

Fusilli de espinaca

Fusilli de harina integral

Eliche

Fusilli bucati

SUGERENCIA DE SALSAS

Los *fusilli* son versátiles y por lo tanto muy importantes en la dieta de los amantes de las pastas. Van bien con salsas con verduras: pruebe *alle zucchine* (mostrado a la derecha), *alla campagnola* (página 122), *al cavolfiore* (página 120) o *alla verza* (página 129).

Fusilli corti alle zucchine (página 120)

Strozzapretti ai porcini e peperoni (página 128)

Ruote di carro con peperonata (página 124)

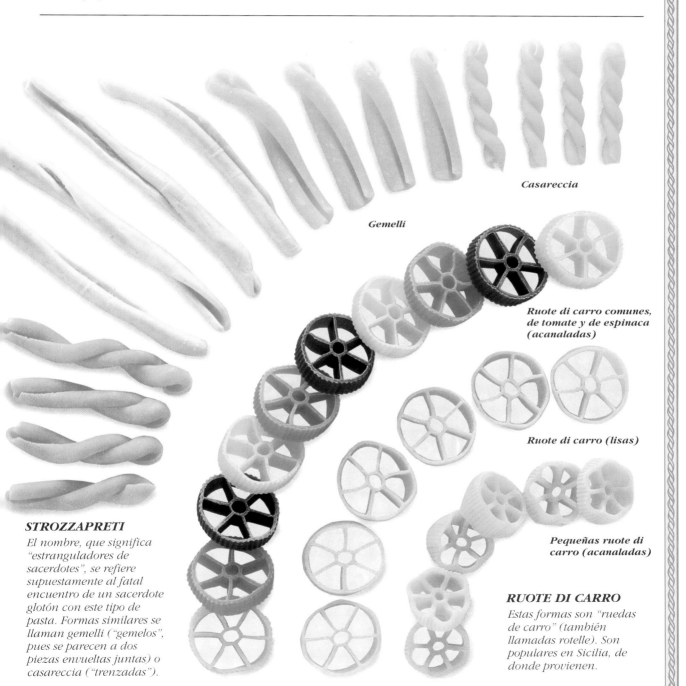

Casareccia

Gemelli

Ruote di carro comunes, de tomate y de espinaca (acanaladas)

Ruote di carro (lisas)

Pequeñas ruote di carro (acanaladas)

STROZZAPRETI

El nombre, que significa "estranguladores de sacerdotes", se refiere supuestamente al fatal encuentro de un sacerdote glotón con este tipo de pasta. Formas similares se llaman gemelli ("gemelos", pues se parecen a dos piezas envueltas juntas) o casareccia ("trenzadas").

RUOTE DI CARRO

Estas formas son "ruedas de carro" (también llamadas rotelle). Son populares en Sicilia, de donde provienen.

PASTA PER MINESTRE

Pastas para sopa

Las formas pequeñas se llaman colectivamente *pastina*, "pasta pequeña", y las terminaciones de sus nombres, *ine* o *ini* y *etti* o *ette*, indican que son "pequeñas". Con excepción de los *maltagliati* y a veces de los *quadrucci*, se reservan para caldo casero de carne y se ofrecen a los niños o a los adultos que no se sienten bien como un plato reconfortante. Las formas que parecen granos de arroz, semillas de melón, granos de choclo, estrellas y otras variantes se han creado para divertir a los niños y para lucir atractivas, más que para lograr diferencias de sabor o textura.

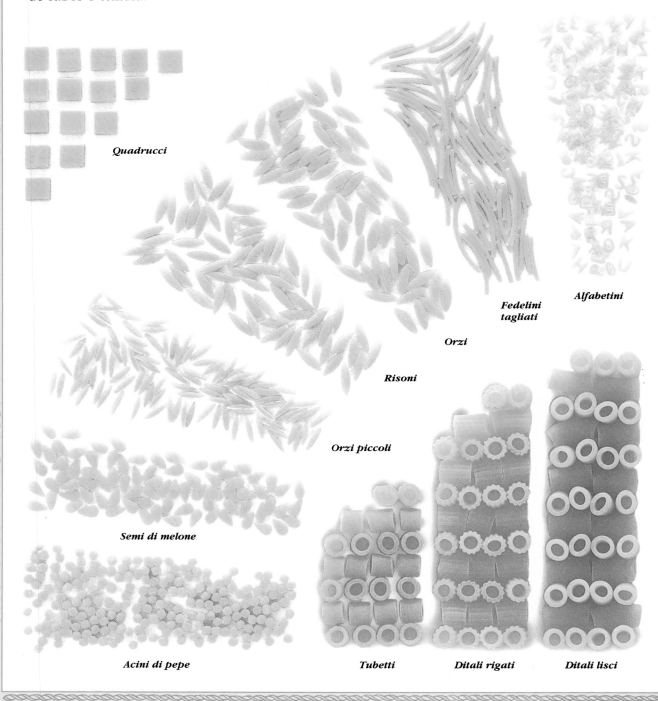

Quadrucci

Fedelini tagliati

Alfabetini

Orzi

Risoni

Orzi piccoli

Semi di melone

Acini di pepe

Tubetti

Ditali rigati

Ditali lisci

Sugerencia de Sopas

Los *maltagliati* son la elección clásica para la sopa de pasta y porotos/frijoles (*pasta e fagioli*), que aparece en el extremo derecho. Las *stelline*, "pequeñas estrellas" que aparecen en el centro, se usan para dar vida a las sopas de los niños.

Minestra di pasta e verdure alla romana (página 132)

Minestrina dei bambini (página 131)

Pasta e fagioli (página 131)

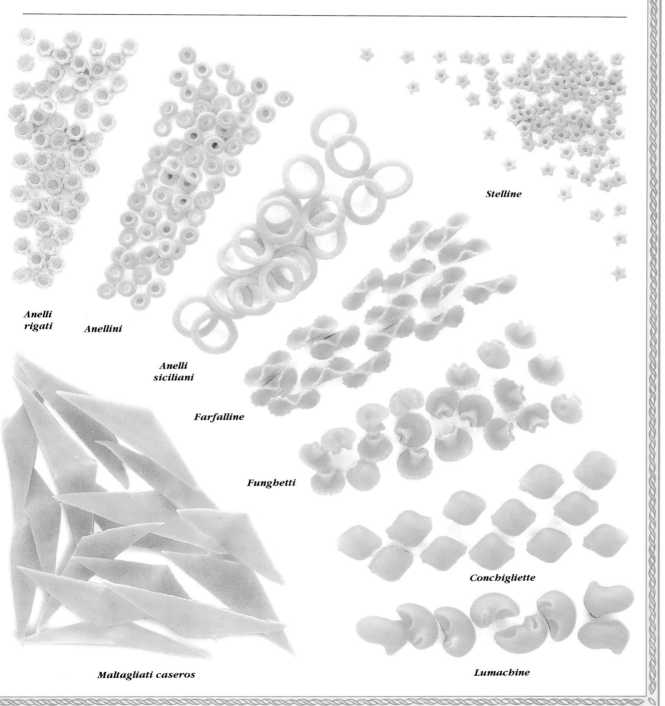

Stelline

Anelli rigati

Anellini

Anelli siciliani

Farfalline

Funghetti

Conchigliette

Maltagliati caseros

Lumachine

PASTA RIPIENA
Pastas rellenas

L as pastas rellenas caseras y las pastas que se hornean
 son algunos de los platos más elegantes y deliciosos.
Es importante que la cantidad y el tipo de relleno se
complemente con la forma de la pasta. El error más común
es sofocar la pasta, que no debe ser un simple receptáculo
del relleno sino una parte integral del plato.

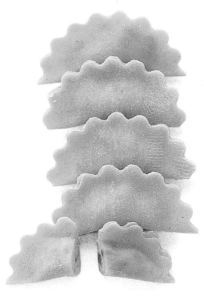

RAVIOLINI
*Conocidos como
agnolotti en Piamonte.
En general se rellenan
con carne pero también
permiten una variedad
de otros rellenos.*

PANSOTI
*Son porciones
triangulares de pasta,
oriundos de la Riviera
italiana, y su nombre significa
"pequeñas panzas". Se rellenan
con ricotta y cinco hierbas
silvestres del lugar, y se sirven con
pesto de nueces (ver página 96).*

TORTELLONI
*Estas pastas cuadradas se
rellenan, por lo general, con
acelga (o espinaca) y ricotta y se
sirven con mantequilla y grandes
cantidades de queso parmesano,
o con salsa de mantequilla y
tomate (ver página 52). En Emilia
se los llama tortelli.*

TORTELLINI
*Son una especialidad de Boloña y se
sirven con caldo la noche en que se
despide el año, o si no, con una salsa
de crema (ver página 134).*

CANNELLONI
*Los cannelloni son
planchas rectangulares
de pasta que se untan con
una fina capa de rellenos
muy variados. Luego se los
enrolla para que adquieran la
forma de un rollo suizo y se los
cocina al borno.*

SUGERENCIAS DE RELLENOS

Los rellenos pueden hacerse de mariscos, verduras o carne. En general se usan distintos tipos de queso y la yema de huevo es el elemento utilizado para unir los ingredientes.

Tomate dulce, perejil y mortadela (ver Tortelli alla ferrarese, página 138)

Ricotta, carne vacuna picada y mortadela (ver Cannelloni di carne, página 144)

Espinaca, ricotta y jamón (ver Tortelloni di biete, página 134)

Tortelloni

Cappelletti

CAPPELLETTI, TORTELLONI

Los cappelleti son "pequeños sombreros", similares a los tortellini pero hechos de una pasta cuadrada en lugar de circular para que formen un pico. Los más grandes son los de Boloña y se los llama, para confundir, tortelloni, el mismo nombre de las piezas cuadradas y chatas que aparecen en la página anterior.

LASAGNE

Grandes planchas de pasta, las lasagne se usan para preparar un plato que se ha apropiado de su nombre. Las planchas de pasta se colocan a manera de emparedado con delgadas capas de relleno de carne, mariscos o verduras entremedio, y luego se hornean.

Lasagne comunes y de espinaca

PASTA COLORATA

Pastas de color

Las pastas de diversos colores y sabores se están volviendo cada vez más populares fuera, pero no dentro de Italia, donde entran en conflicto con la filosofía de la cocina italiana cuya principal preocupación es el gusto y no la apariencia de la comida. El color no siempre tiene interés gastronómico a menos que contribuya a lograr un sabor deseado. Sólo las pastas de espinaca y de tomate lo consiguen. Fuera de Italia los fabricantes de pastas están experimentando con una gama de colores y sabores, como se ilustra aquí.

COMUN

Las pastas comunes al huevo varían desde el color pálido al dorado, según la cantidad de yemas que se usen. Las pastas de agua y harina tienen un cálido matiz amarillo, de acuerdo con la calidad de la harina.

TOMATE

Las pastas rojas se hacen tradicionalmente con polvo de tomate disecado, pero como a nivel comercial no se encuentra con mucha facilidad, un buen sustituto es el puré de tomate concentrado.

ESPINACA

Las pastas verdes pueden hacerse con espinaca fresca o congelada, cocida y picada bien fina, que se agrega a los huevos antes de mezclarlos con la harina.

Azafrán

Remolacha

Albahaca

Champignon

Tinta de calamar

31

COMO HACER Y SERVIR PASTA

Hacer pastas es un arte, pero es un arte que todos pueden aprender y bien vale la pena el esfuerzo. Las pastas al huevo que se hacen a mano desde el principio hasta el final son las mejores. Si tiene una máquina, úsela para estirar la masa y para cortar cintas de determinados tamaños. Evite las máquinas donde se vierten los ingredientes en un extremo y la pasta terminada sale por el otro, pues no son capaces de graduar el proceso necesario para alcanzar la estructura y la textura de una buena pasta al huevo.

EQUIPO PARA HACER PASTAS

Estas son las herramientas que necesitará para hacer pastas caseras al huevo. Casi todas se encuentran en los negocios de venta de utensilios de cocina o grandes tiendas. Si tiene problemas para encontrar un adecuado palo de amasar, trate de que en una maderera le corten uno de una pieza de madera dura. Puede arreglárselas sin una máquina de pastas siempre que aprenda a amasar y a cortar la pasta a mano.

RASPADOR DE MASA

Está hecho de un metal o un plástico flexibles y se usa para raspar la masa de huevo y harina que queda pegada a la superficie de trabajo antes de amasar.

CORTADORES DE BIZCOCHOS

Los cortadores de bizcochos de diferentes diámetros, lisos o acanalados, son ideales para cortar círculos de pasta para rellenar.

SUPERFICIE CALIDA Y LISA

Tradicionalmente la masa para pastas se hace sobre una tabla grande de madera. También sirve una superficie laminada con plástico, como fórmica o laminex. Las superficies frías como el mármol o el metal no son adecuadas para las pastas.

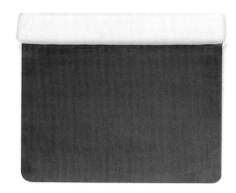

TENEDOR

Uselo para batir los huevos y mezclarlos bien con la harina hasta que la masa esté lo suficientemente consistente como para amasar.

PAÑO DE COCINA

Necesita varios paños de cocina limpios y secos para absorber la humedad de la masa recién hecha antes de cortarla, cocinarla o guardarla.

PELICULA AUTOADHERENTE

Mientras la masa no se trabaja, hay que envolverla en una película autoadherente para impedir que se seque y se le forme una capa dura en la superficie.

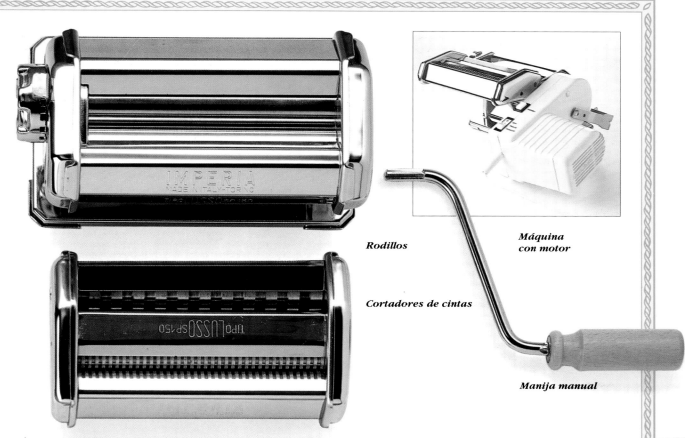

Rodillos

Máquina
con motor

Cortadores de cintas

Manija manual

MAQUINA PARA HACER PASTAS

La máquina tiene rodillos para estirar la masa y cortadores para producir cintas de diferentes anchos. Se la puede operar con una manija manual o con un motor eléctrico opcional. El uso del motor tiene sus ventajas: es más descansado, deja las dos manos libres y permite producir planchas amasadas más parejas.

MANGA

El relleno se puede poner sobre la masa con una cuchara, pero el trabajo se hace más fácil y más rápido con una manga.

PALO DE AMASAR

El palo de amasar tradicional que se usa en Boloña tiene 4 cm de ancho y 80 cm de lago, y sus extremos son redondeados y lisos. Sin embargo, para una masa de hasta tres huevos, se puede usar un palo de amasar de hasta 5 cm de ancho y al menos 60 cm de largo.

CORTADOR DE PASTAS

Este cortador en forma de rueda se usa para cortar y sellar pastas rellenas y para cortar cintas de bordes aserrados.

UTENSILIO PARA HACER GARGANELLI

Lo más cercano a la auténtica herramienta que se usa en Boloña para hacer garganelli es el instrumento de madera para curvar la mantequilla acompañado de un tarugo o un lápiz redondo.

CUCHILLO

Se debe usar un cuchillo grande de cocinero para cortar las pastas a mano, o para dividir la masa en trozos manejables que puedan pasar por la máquina que los estira.

COMO HACER LA MASA

Hacer la masa a mano es algo simple y, con práctica, puede convertirse en una segunda naturaleza. Así se logra una pasta muy superior a la que se amasa a máquina. El proceso más lento y más gradual de amasar a mano, así como el calor de las manos, aumenta en gran medida la elasticidad y la textura de la masa. La cantidad de harina que se sugiere es aproximada: varía según el tamaño de los huevos y la humedad del ambiente. Puede ajustarse antes de comenzar a amasar.

LA MEZCLA DE HARINA Y HUEVOS

INGREDIENTES

3 huevos medianos
300 g de harina común
(para mejores resultados usar harina italiana "00")

1 Colocar la harina en una superficie cálida de madera u otro material liso, en forma de corona.

2 Romper los huevos uno por uno en el centro de la corona.

3 Batir los huevos suavemente con un tenedor hasta que las yemas y las claras se mezclen en forma pareja.

4 Con el tenedor, incorporar gradualmente a los huevos la harina del interior de la corona hasta que los huevos ya no estén líquidos. No romper la pared exterior de harina o los huevos se escaparán.

CONSEJOS PARA HACER LA MASA

• *Usar huevos que estén a temperatura ambiente.*

• *No hacer la masa en una superficie fría como el mármol.*

PASTAS DE COLOR

PASTAS ROJAS

Por cada huevo, agregar 1 cucharada de puré de tomate. Mezclar con los huevos batidos en el centro antes de empezar a incorporar la harina.

PASTAS VERDES

Por cada huevo, usar 125g de espinacas frescas o 75g de espinacas descongeladas. Cocinar en agua con sal (esto aumenta el color), escurrir el exceso de agua y picar bien antes de usar.

COMO AMASAR

1 Este paso debe realizarse con rapidez y sin dudar, de lo contrario se puede perder parte de la mezcla de huevo. Con las dos manos, poner la harina restante sobre la mezcla de huevo de modo que quede completamente cubierta.

2 Comenzar a trabajar la masa con las manos hasta que la harina se mezcle con los huevos. Decidir si se necesita más harina: la masa debe estar húmeda pero no pegajosa. Cuando se alcanza la consistencia adecuada, envolverla en película plástica autoadherente.

3 Remover todo pedazo de masa que haya quedado en la superficie de trabajo, y lavarse las manos para eliminar los restos de huevo y harina. Desenvolver la masa y comenzar a amasar. Sostener la masa con una mano mientras se la dobla con los dedos de la otra mano.

4 Usar la base de la palma de la mano para empujar la masa hacia abajo y lejos. Rotar la masa con un cuarto de giro y repetir el mismo procedimiento de dos partes. Continuar hasta que la masa esté uniforme y muy suave. Inmediatamente, envolver con una película plástica autoadherente y dejarla reposar al menos 20 minutos antes de estirarla.

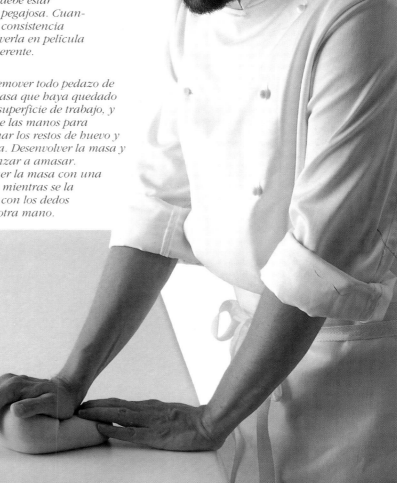

COMO ESTIRAR LA MASA

Amasar a mano da como resultado una pasta mucho mejor que la hecha a máquina. Cuando se la hace a mano, la masa se estira en lugar de comprimirse. Esto genera pastas más porosas que absorben mejor las salsas, además de poseer una textura más interesante. Practique un par de veces con una masa que no le importe desechar, hasta que sienta que le ha tomado la mano. Si prefiere usar la máquina, consiga el motor opcional para que sus dos manos queden libres y puedan trabajar con la masa.

PARA ESTIRAR A MANO

Prepárese para tirar las primeras planchas amasadas a mano. Es poco probable que le salga bien de primera intención. Para comenzar, hay que sacar la masa de la película autoadherente. Amasarla de nuevo durante un minuto aproximadamente para que la humedad que se ha depositado en la superficie vuelva a la masa. Aplastar un poco la masa con las manos hasta formar un disco redondo y colocarlo en la superficie de trabajo.

1 *Comenzar a estirar desde dos tercios del borde inferior del disco hasta justo antes del borde superior. Parar, girar el disco 90° y repetir. Continuar hasta que la masa tenga un espesor de 6 mm.*

2 *Enrollar el borde superior de la masa en el palo de amasar. Sostener la masa en el borde inferior mientras se la estira con suavidad y se la enrolla en el palo. Girar la masa en el palo 90°, desenrollar y repetir cinco veces.*

3 *Volver a enrollar la masa en el palo de amasar desde el borde superior. Mientras se hace rodar el palo hacia adelante y hacia atrás, deslizar las manos juntándolas y separándolas para trazar la forma de una W. Cuando la masa esté estirada, darla vuelta con el palo, desenrollarla y repetir.*

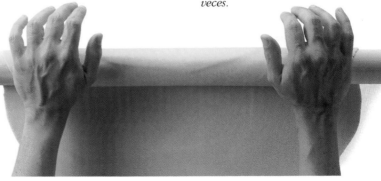

4 *Seguir estirando la masa hasta que quede transparente, dejando que cuelgue del borde de la superficie de trabajo. Cortarla si es demasiado grande. Dejarla sobre un paño de cocina para que seque.*

CONSEJOS PARA ESTIRAR A MANO

- *Dejar que sólo las palmas de las manos entren en contacto con la masa en el palo de amasar.*

- *Estirar en lugar de comprimir la masa, no empujar hacia abajo sino hacia afuera y lejos.*

PARA ESTIRAR A MAQUINA

Adelgazar la masa a través de la máquina de a una posición de la muesca por vez. Tratar de acelerar el proceso salteándose muescas en los rodillos dará como resultado una pasta de textura muy pobre. La masa necesita estirarse gradualmente para adquirir elasticidad.

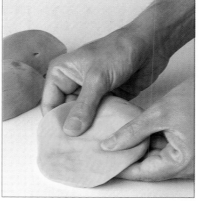

CONSEJOS PARA ESTIRAR A MAQUINA

• *Se necesita una superficie de trabajo muy amplia para toda la masa estirada, por lo tanto conviene hacer, por ejemplo, tres piezas por vez, y mantener el resto en película autoadherente.*

• *Cortar las tiras si, al estirarse, se vuelven demasiado largas y difíciles de manejar.*

1 Cortar la masa de tres huevos en seis piezas por lo menos. Aplastar una de las piezas con los dedos y envolver el resto en película adherente.

2 Con los rodillos en la posición más abierta, colocar la masa en la máquina. Sujetar la masa que sale pero no estirarla ni empujarla.

3 Doblar la masa en tres, darla vuelta de modo que los pliegues queden a los costados, y pasarla de nuevo por la máquina. Hacer esto dos o tres veces hasta que la masa esté bien lisa. Repetir con las otras piezas.

4 Reducir el ancho de los rodillos una muesca. Pasar todas las piezas por la máquina una vez, dejándolas en paños de cocina secos. Reducir el ancho otra muesca más y repetir. Continuar hasta que todas las piezas hayan pasado por cada una de las muescas hasta la más delgada.

COMO CORTAR LAS PASTAS

Antes de cortar la masa, esta debe secarse hasta adquirir la consistencia del cuero, para que los fideos no se peguen entre sí, pero no debe estar tan seca que se vuelva quebradiza. Si usa una máquina para estirar la masa, las piezas tendrán el tamaño y la forma justa para

volverla a pasar por el instrumento de la máquina que sirve para cortar los *fettuccine* y los *tonnarelli*. Otras formas necesitan ser cortadas a mano, lo cual es simple y sólo requiere un poco de práctica. La pasta amasada a mano debe, por supuesto, cortarse a mano.

COMO CORTAR A MANO
FETTUCCINE (5mm) Y TAGLIATELLE (8mm)

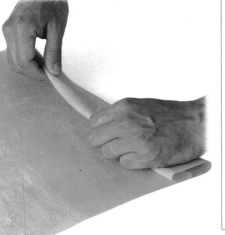

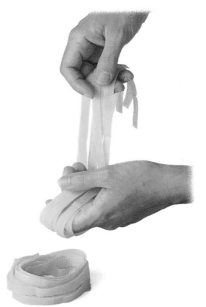

1 Enrollar la plancha de masa suelta formando un rollo plano de aproximadamente 5 cm de ancho.

2 Tomar un cuchillo grande, apoyar la parte plana de la hoja en los nudillos y cortar el rollo de pasta en cintas del ancho deseado, moviendo los nudillos hacia atrás después de cada corte.

3 Desenredar las cintas. Para guardarlas (las pastas secas duran meses), envolverlas sueltas alrededor de la mano formando nidos y ponerlas a secar en un paño de cocina. Si se las quiere usar el mismo día, dejarlas estiradas sobre un paño.

CAPELLI D'ANGELO
Para hacer cabello de ángel, seguir el procedimiento descrito más arriba pero cortar la pasta lo más fina posible.

MALTAGLIATI
Hacer dos cortes en diagonal seguidos de un corte derecho perpendicular al rollo de pasta. Separar las pequeñas pilas.

QUADRUCCI
Cortar la pasta como para tagliatelle, como se describió más arriba, luego, sin desenredar, cortar las cintas transversalmente en pequeños cuadrados.

PAPPARDELLE

Para hacer la versión de borde aserrado, usar un cortador de pasta acanalado sobre las planchas estiradas de masa. Para la versión de borde liso, enrollar la masa y cortar cintas de 2 cm de ancho.

FARFALLE

Cortar una plancha de masa en cuadrados de 4 cm usando un cortador de pasta acanalado. Apretar los cuadrados en el medio con un pliegue en la parte superior y dos en la inferior.

GARGANELLI

Enrollar cuadrados de masa de 4 cm alrededor de un lápiz sobre un peine de dientes grandes o el intrumento para hacer rollos de mantequilla. Apretar los bordes del lápiz, no la masa, y los garganelli se deslizarán con facilidad.

COMO CORTAR A MAQUINA

FETTUCCINE

Estirar la pasta hasta la muesca más delgada de los rodillos. Usar un cuchillo para cortar la pasta en tiras de aproximadamente 30 cm de largo. Adosar a la máquina los cortadores y pasar las tiras de pasta por los más anchos. Guardar la pasta cortada a máquina del mismo modo que la cortada a mano.

TONNARELLI

Adelgazar la pasta hasta la penúltima muesca de los rodillos. Luego pasar las planchas por los cortadores más angostos del instrumento de la máquina. Como la plancha de masa es gruesa, y la medida de corte angosta, la cinta resultante tendrá una sección cuadrada.

COMO RELLENAR LAS PASTAS

Con excepción de los *tortellini* y los *cappelletti* que requieren un poco de práctica, todas las otras formas de pastas rellenas son fáciles de hacer y no requieren ninguna habilidad especial. El peor enemigo de las pastas rellenas es que la masa esté demasiado seca para trabajar con ella. Para evitar ese problema, hay que mantener la masa con la cual no se está trabajando bien envuelta en película autoadherente hasta que se la necesite. También se pueden agregar 10 ml (2 cucharadas) de leche a una masa de dos huevos en el momento de añadir los huevos.

TORTELLONI

1 Los tortelloni en Roma, tortelli en Emilia, son cuadrados de pasta con relleno en el medio. Tomar una tira de masa de 10 cm de ancho y colocar el relleno en ella a intervalos de 5 cm. Se necesita el equivalente a una cucharada colmada de relleno.

2 Humedecer los bordes de la masa y doblar a la mitad. Cortar entre el relleno (a intervalos de 5 cm) y por el borde inferior con un cortador acanalado. Apretar los bordes para sellar.

TORTELLINI

2 Doblar el disco a la mitad, luego juntar las dos esquinas, envolviéndolas alrededor de la punta del dedo. Apretarlas al unir.

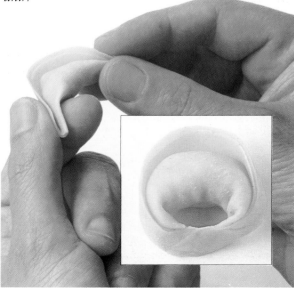

1 Cortar discos de 5 cm de pasta usando un cortador de bizcochos común. Colocar aproximadamente 1/2 cucharada de relleno en el centro de cada disco.

TORTELLONI DE BOLOÑA

1 Para hacer los tortelloni de Boloña, cortar una plancha delgada de pasta en cuadrados de 7,5 cm de lado y colocar aproxima-damente una cucharada colmada de relleno en el centro de cada uno.

2 Humedecer los bordes con un dedo mojado y doblar cada cuadrado al medio formando un triángulo. Apretar los bordes para sellar.

3 Unir dos esquinas, envolviéndolas en la punta del dedo y haciendo una muesca en la parte que contiene el relleno. Apretar las esquinas al unir.

RAVIOLINI

1 Cortar discos de 5 cm de pasta usando un cortador de bizcochos acanalado.

2 Colocar aproximadamente 1/2 cucharada de relleno en el centro de cada disco.

3 Doblar al medio cada disco, apretando los bordes con los dedos para sellarlos. Con suavidad empujar las dos esquinas para que formen una media luna.

VARIACIONES

PANSOTI

Colocar el relleno en el centro de cuadrados de pasta de 5 cm y doblar al medio.

RAVIOLINI

Para raviolini de bordes lisos, usar un cortador de bizcochos liso o un vaso.

CAPPELLETTI

Son como los tortellini pero hechos a partir de un cuadrado. Se parecen a la mitra de un obispo.

COCINARLAS Y SERVIRLAS

Cocinar pastas es simple y sólo requiere un poco de práctica e intuición. Ignore las instrucciones que traen las pastas secas compradas: la única forma de saber cuando están hechas es probarlas. Deben estar firmes al morder, pero deben masticarse fácilmente. Recuerde, seguirán cocinándose mientras las cuela y las mezcla. El tiempo de cocción variará según la forma y la marca. Las pastas caseras se cocinan muy rápido. Si están recién hechas, tardan menos de un minuto. En el caso de las pastas rellenas, pruebe el borde donde están selladas.

COMO HERVIR LAS PASTAS

1 Usar una cacerola u olla grande donde haya lugar para que la pasta se mueva en el agua. Dejar que el agua rompa el hervor antes de agregar la sal o las pastas. Agregar todas las pastas al mismo tiempo.

2 Revolver las pastas para evitar que se peguen a la olla o entre ellas, y también para sumergirlas por completo. Nunca hay que cortar las pastas largas para que entren en la olla. Cubrir la cacerola hasta que el agua vuelva a hervir.

3 Revolver periódicamente y probar para ver si las pastas están al dente, o firmes al morder. En ese momento, están a punto.

4 Colar la pasta de inmediato con un colador. Sacudir para deshacerse del exceso de agua. Nunca hay que enjuagar las pastas, pues se enfrían y pierden la capa de almidón que ayuda a que se adhiera a la salsa.

RELACION PASTA - AGUA

¹/₂ paquete de pasta (250 g)
3 litros de agua

1 paquete de pasta (500 g)
4 litros de agua

1 ¹/₂ paquetes de pasta (750 g)
5 litros de agua

2 paquetes de pasta (1 kg)
Usar dos ollas

SAL

1 cucharada sopera de sal para
4 litros de agua

COMO SERVIRLAS

1 Pasar las pastas a una fuente para servir que se ha calentado previamente y agregar la salsa. Otra alternativa es agregar las pastas a la sartén que contiene la salsa.

2 Mezclar con un tenedor y una cuchara hasta que las pastas estén totalmente impregnadas de salsa. Hay que evitar el error común de servir una montaña de pasta con la salsa colocada encima de ella.

COMO ENROLLARLAS

Para enrollar pastas largas en un tenedor, hay que tomar unos pocos fideos, separándolos de los demás. Con la punta del tenedor contra el borde del plato, hacer rotar el tenedor hasta que los fideos estén completamente enrollados en él. La treta es tomar sólo unos pocos fideos al principio, de lo contario se termina con un bollo de pasta inmanejable en el tenedor.

SALSAS CLASICAS

Estas salsas para pastas son algunas de las más populares y tradicionales. No existe en ninguno de los casos una receta definitiva; por el contrario, hay muchas versiones, todas de la misma autenticidad. Las mías se basan en preferencias personales, y en la forma en que las he comido y las he visto hacer cuando era niño.

Cada receta sirve para 6 personas si va seguida de un segundo plato, o para 4 personas si se la sirve sola.

SPAGHETTINI
AGLIO E OLIO

Spaghettini con Ajo y Aceite de Oliva

Este plato ha sido mi salvador en muchos ataques de hambre a la medianoche. Es rápido, fácil y muy sabroso si se lo prepara con pastas y aceite de oliva de buena calidad. La salsa se debe sacar del fuego no bien esté lista, aunque la pasta no esté hecha todavía. El aceite mantendrá el calor durante los minutos que se necesiten para terminar con la pasta, y así se evitará el riesgo de que el ajo se queme.

INGREDIENTES

Para 500 g de pastas secas compradas

120 ml (8 cucharadas) de aceite de oliva extra virgen
1 cucharada de ajo bien picado
1 cucharada de perejil de hoja plana bien picado
1/4 cucharadita de ají/chile molido
sal

Aceite de oliva extra virgen

PREPARACION

1 Poner a hervir 4 litros de agua en una cacerola u olla grande, agregar una cucharada sopera de sal y echar la pasta, toda al mismo tiempo, revolviendo hasta que quede sumergida por completo.

2 Poner el aceite de oliva y el ajo en una sartén grande a fuego entre mediano y fuerte. Cuando el ajo comience a cambiar de color, agregar el perejil, el ají molido y un poco de sal. Revolver bien y sacar del fuego.

3 Cuando la pasta esté *al dente*, volver a poner la sartén con la salsa sobre fuego lento, colar la pasta e incorporarla a la sartén. Mezclar hasta que la pasta esté bien impregnada de salsa. Probar la sal y las especias y servir de inmediato.

ELECCION DE PASTA

Clásica:

spaghettini

También se pueden usar:

spaghetti

Ajo

Perejil de hoja plana

Ají/chile molido

Sal

Spaghettini aglio e olio

PESTO DI BASILICO

ALLA GENOVESE

Pesto de albahaca genovés

La única forma de obtener un verdadero *pesto* genovés es ir a Liguria, la región de Italia donde se encuentra la pequeña y fragante hoja de albahaca por la cual es famosa la Riviera italiana. La albahaca que crece en otros sitios, aunque no es la misma, ofrece una alternativa más que aceptable para aquellos a quienes nos resulta poco práctico volar a la Riviera cada vez que tenemos ganas de comer *pesto*.

INGREDIENTES

**Para pastas hechas con 3 huevos (ver página 36)
o para 500g de pastas secas compradas**

*60g de hojas de albahaca fresca
120 ml (8 cucharadas) de aceite de oliva extra virgen
2 cucharadas de piñones/almendras
2 dientes de ajo pelados
sal
60 g de queso parmesano rallado
2 cucharadas de queso pecorino romano rallado
45 g de manteca/mantequilla ablandada
a temperatura ambiente*

PREPARACION

1 Poner las hojas de albahaca, el aceite de oliva, los piñones, el ajo y una cucharadita de sal en un procesador de alimentos o una licuadora y licuar hasta que quede casi una crema.

La salsa se puede preparar con anticipación hasta este punto y refrigerar o inclusive congelar. Cubrir la superficie con aceite de oliva para impedir que la albahaca se oxide y se ponga negra.

2 Pasar la mezcla a una fuente grande y mezclar con los dos tipos de queso rallado.

3 Poner las pastas en 4 litros de agua hirviendo, con una cucharada sopera de sal, revolver bien y cocinar hasta que estén *al dente*. Colar y mezclar con la salsa, 2 cucharadas de agua caliente y la mantequilla.

**Aceite de oliva
extra virgen**

Albahaca

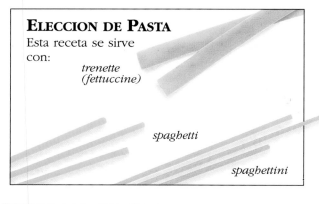

ELECCION DE PASTA

Esta receta se sirve con:

*trenette
(fettuccine)*

spaghetti

spaghettini

Ajo

Sal

Piñones

Parmesano

Pecorino romano

Manteca/
mantequilla

**Trenette con
pesto di basilico**

SUGO AL

SUGO AL
BURRO E POMODORO

Salsa de Mantequilla y Tomate

E sta es quizás la más simple de todas las salsas y a muchos italianos les traerá recuerdos de su niñez. La salsa de tomate pura no tiene igual. Use tomates frescos si puede, aunque los enlatados son mejores que los frescos de mala calidad.

INGREDIENTES

Para pastas hechas con tres huevos (ver página 36) o 500g de pastas secas compradas

1kg de tomates frescos y maduros, pelados, sin semillas y cortados en trozos grandes, o 2 latas de 400 g de tomates enteros pelados, con su jugo, cortados en trozos grandes
100g de manteca/mantequilla
1 cebolla mediana, pelada y cortada al medio
sal
4 cucharadas de queso parmesano rallado

PREPARACION

1 Poner todos los ingredientes excepto el queso en una sartén y cocinar a fuego lento hasta que los tomates se hayan reducido y separado de la mantequilla: 20-40 minutos, según el tamaño de la sartén. Retirar del fuego y dejar a un lado. Sacar las mitades de cebolla.

Se puede preparar la salsa con anticipación y refrigerar (dura 3-4 días en el refrigerador en un frasco bien tapado) o congelar.

2 Echar las pastas en cuatro litros de agua hirviendo con una cucharada sopera de sal, revolver bien y cocinar hasta que estén *al dente*. Colar y mezclar con la salsa caliente o recalentada y el queso rallado.

Tomates peritas frescos

Manteca/ mantequilla

Cebolla

COMO PELAR EL TOMATE

1 Pelar el tomate con un instrumento para pelar de hoja giratoria. Hacer un movimiento de sierra de un lado al otro al mismo tiempo que hacia abajo.

2 Partir el tomate al medio. Sacarle las semillas con el pulgar y tirarlas. Luego, cortar la pulpa del tomate en trozos grandes.

Tortelloni di spinaci
con sugo al burro
e pomodoro

Sal

Parmesano

ELECCION DE PASTA
va bien con:

bucatini

penne lisce

*tortelloni
di spinaci*

spaghetti

SPAGHETTINI AL
POMODORO E BASILICO

Spaghettini con Tomates, Albahaca, Aceite de Oliva y Ajo

Esta es una salsa de verano rápida y fácil; una que puedo comer seguido sin cansarme de ella, ideal cuando abundan los tomates frescos y maduros. El ají molido, si decide usarlo, no pretende hacer la salsa picante sino simplemente darle un poco de vivacidad, de modo que tenga cuidado con la cantidad que incorpora. Aunque la cantidad de ajo pueda parecer demasiado generosa, el ajo es menos picante cuando se lo corta en rodajas finas y se lo guisa que cuando se lo pica y se lo dora. Se obtiene un sabor más dulce si se utilizan tomates frescos en lugar de enlatados.

INGREDIENTES

Para 500g de pastas secas compradas

75ml (5 cucharadas soperas) de aceite de oliva extra virgen
3 cucharadas de ajo cortado en rodajas finas
1 kg de tomates frescos y maduros, pelados, sin semillas y cortados en rodajas finas a lo largo, o 2 latas de 400g de tomates enteros pelados, con su jugo y cortados en trozos grandes
sal
4 cucharadas soperas de hojas de albahaca fresca, cortadas a mano en trozos de 1 cm
una pizca de ají/chile molido (opcional)

PREPARACION

1 Poner todas las cucharadas de aceite de oliva menos una y todo el ajo en una sartén grande a fuego entre moderado y fuerte y cocinar hasta que el ajo empiece a chisporrotear.

2 Agregar los tomates no bien el ajo comience a cambiar de color. Si se usan tomates frescos, se notará que sueltan una buena cantidad de líquido. Cuando el líquido comience a reducirse, sazonar con sal. Si se usan tomates en lata, sazonar con sal de inmediato. Continuar cocinando a fuego moderado hasta que los tomates se hayan reducido y separado del aceite: 10-20 minutos, según el tamaño de la sartén.

3 Mientras la salsa se reduce, colocar 4 litros de agua en una olla grande y poner a fuego fuerte.

4 Cuando la salsa se haya reducido, agregar la albahaca cortada a mano y la pizca opcional de ají molido. Cocinar 1-2 minutos, luego retirar del fuego y dejar a un costado.

5 Cuando el agua para las pastas esté hirviendo, agregar una cucharada de sal y echar las pastas todas al mismo tiempo, revolviendo hasta que queden sumergidas por completo. Cuando estén cocidas *al dente*, colar y mezclar con la salsa en la sartén, agregando la restante cucharada de aceite de oliva. Probar la sal y servir de inmediato.

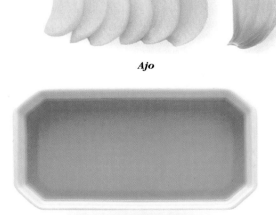

Ajo

Aceite de oliva extra virgen

ELECCION DE PASTA

Clásica:

spaghettini

También puede servirse con:

spaghetti

penne lisce

Tomates
frescos

Sal

Albahaca

Ají chile
molido

Spaghettini
al pomodoro
e basilico

PENNE
ALL'ARRABBIATA

Penne con Salsa de Tomate Picante

Esta es, literalmente, una pasta "sabrosa", lo que significa que es picante y con muchas especias. Es popular en Roma y en el centro de Italia. Aumente o disminuya la cantidad de ají molido según la intensidad de "rabia" que desee.

INGREDIENTES

Para 500g de pastas secas compradas

100ml (7 cucharadas soperas) de aceite de oliva extra virgen
1/2 cucharada de ajo bien picado
60g de panceta/tocino *cortado en lonjas finas de un trozo de 6 mm de ancho*
2 latas de 400g de tomates enteros pelados, con su jugo, cortado en trozos grandes
1/4 cucharadita de ají/chile molido
sal
12 hojas de albahaca fresca de tamaño mediano, cortadas a mano en trozos de 1 cm
2 cucharadas soperas de queso pecorino romano *rallado*

PREPARACION

1 Poner todas las cucharadas de aceite de oliva menos una y todo el ajo en una sartén grande, a fuego entre mediano y fuerte y cocinar hasta que el ajo comience a chisporrotear.

2 Agregar las tiras de *tocino* y cocinar hasta que el *tocino* esté bien dorado pero no tostado.

3 Agregar los tomates en lata, el ají molido y un poco de sal (recordando que el *tocino* es de por sí salado). Reducir el fuego y cocinar hasta que los tomates se hayan reducido y separado del aceite: 30-40 minutos, según el tamaño de la sartén.

Se puede preparar la salsa con anticipación hasta este punto y refrigerarla.

4 Poner a hervir 4 litros de agua en una olla grande, agregar una cucharada sopera de sal y echar las pastas todas de una vez, revolviendo bien.

5 Regresar la sartén con la salsa a fuego mediano y agregar las hojas de albahaca. Cuando la pasta esté cocida *al dente*, colar y mezclar con la salsa de la sartén, apagando el fuego. Añadir la última cucharada de aceite de oliva y revolver. Agregar el queso rallado. Probar la sal y las especias y servir de inmediato.

ELECCION DE PASTA

Clásica:

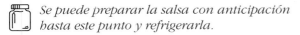

penne rigate

También se puede servir con:

spaghetti

Aceite de oliva extra virgen

Ajo

Panceta/tocino

**Penne
all'arrabbiata**

**Queso
rallado**

**Tomates
en lata**

**Ají/chile
molido**

Sal

Albahaca

SPAGHETTI ALLA
PUTTANESCA

...paghetti con Tomates, Alcaparras, Aceitunas y Anchoas

P...u... significa prostituta y este es el plato de pastas que ella usa para seducir a sus clientes. Aunque no puedo garantizar su éxito como afrodisíaco, ¡al menos puedo garantizar que su compañero disfrutará de la comida!

INGREDIENTES

Para 500g de pastas secas compradas

100ml (7 cucharadas soperas) de aceite de oliva extra virgen
6 filetes de anchoa picados
1/2 cucharadita de ajo picado bien fino
2 latas de 400g de tomates enteros pelados, con su jugo, cortados en trozos grandes
sal
2 cucharaditas de orégano fresco picado o 1/2 cucharadita de orégano disecado
2 cucharadas soperas de alcaparras
8-10 aceitunas negras, cortadas en rodajas

PREPARACION

1 Poner todas las cucharadas de aceite de oliva menos una y todas las anchoas en una sartén grande a fuego lento y cocinar, revolviendo con una cuchara de madera, hasta que las anchoas se disuelvan.

2 Agregar el ajo y cocinar aproximadamente durante 15 segundos, cuidando de que no se ponga tostado.

3 Aumentar el fuego entre mediano y fuerte y agregar los tomates con una pizca de sal. Cuando la salsa empiece a hervir, bajar el fuego y cocinar hasta que los tomates se hayan reducido y separado del aceite: 20-40 minutos, según el tamaño de la sartén. Retirar del fuego y dejar a un costado.

Se puede preparar la salsa con anticipación hasta este punto y refrigerarla.

4 Poner 4 litros de agua a hervir en una olla grande, agregar 1 cucharada sopera de sal y echar las pastas todas de una vez, revolviendo hasta que queden sumergidas por completo.

5 Cuando las pastas estén a medio cocinar, volver a colocar la sartén con la salsa a fuego mediano, y agregar el orégano, las alcaparras y las aceitunas.

6 Cuando las pastas estén cocidas *al dente*, colar y mezclar con la salsa en la sartén sobre fuego lento. Agregar la restante cucharada de aceite de oliva. Probar la sal y servir de inmediato.

Aceite de oliva extra virgen

Anchoas

Ajo

Tomates en lata

Spaghetti alla puttanesca

Sal

Orégano fresco

Alcaparras   *Aceitunas*

ELECCION DE PASTA

Clásica: También se puede
servir con:

spaghettini

spaghetti   *penne lisce*

59

FETTUCCINE
PRIMAVERA

Fettuccine con Verduras de Primavera y Crema

uera de Italia, esta receta es muy popular aunque por lo general se la hace mal. El error más frecuente es no saltear las verduras lo suficiente como para concentrar su sabor. Si se hace bien, es un plato delicioso y de un equilibrio perfecto.

INGREDIENTES

Para pastas hechas con 3 huevos (ver página 36)
o 500g de pastas secas compradas

125g de espárragos
60g de manteca/mantequilla
4 cucharadas soperas de cebolla bien picada
4 cucharadas soperas de apio bien picado
60g de zanahorias cortadas en dados
60g de zapallitos/calabacitas/ahuyama cortados en dados
4 cucharadas soperas de pimientos rojos, pelados y cortados en dados
sal y pimienta negra recién molida
250ml de crema
30g de queso parmesano rallado
2 cucharadas soperas de perejil de hoja plana bien picado

PREPARACION

1 Recortar y pelar la parte verde de los espárragos. Cocinarlos en una olla con agua hirviendo, hasta que estén tiernos. Cortarlos en trozos de 1 cm.
2 Derretir la mantequilla con sal en una sartén a fuego entre moderado y fuerte. Incorporar la cebolla y saltear hasta que esté bien dorada. Agregar el apio y la zanahoria. Saltear durante otros cinco minutos.
3 Agregar el zapallito, el pimiento rojo y continuar salteando sobre fuego entre moderado y fuerte hasta que todas las verduras estén tiernas, conservando el color (aproximadamente 10-20 minutos, según el tamaño de la sartén). Agregar la sal y la pimienta negra para sazonar.
4 Colocar los espárragos con las otras verduras y saltear durante aproximadamente 1 minuto. Agregar la crema y cocinar, revolviendo periódicamente, hasta que la crema se haya reducido a la mitad. Retirar del fuego y dejar a un costado.
5 Mientras la crema se reduce, colocar 4 litros de agua en una olla a fuego fuerte. Cuando el agua esté hirviendo, y la salsa esté fuera del fuego, agregar 1 cucharada sopera de sal al agua y echar las pastas, revolviendo.
6 Cuando la pasta esté cocida *al dente*, volver a poner la sartén con la salsa a fuego moderado, colar las pastas y mezclarlas con la salsa, agregando el queso rallado y el perejil. Servir de inmediato.

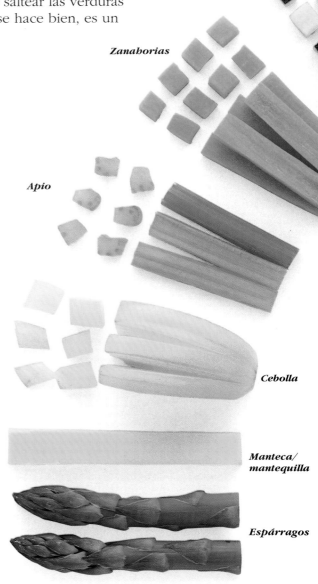

Zanahorias

Apio

Cebolla

Manteca/ mantequilla

Espárragos

ELECCION DE PASTA
Clásica:

fettuccine

También
va bien con:

tagliatelle

Zapallitos

Pimiento rojo

Sal

**Pimienta
negra**

Crema

Parmesano

**Perejil de
hoja plana**

**Fettuccine
primavera**

TAGLIATELLE AL
RAGU

Tagliatelle con Salsa Boloñesa de Carne

C uando era niño, se me hacía agua la boca anticipando los gloriosos momentos en que me sentaría a la mesa para ver llegar una fuente humeante de *tagliatelle al ragu* con su irresistible aroma. Este plato es el alimento básico en Emilia-Romana, la región de donde es oriunda mi familia, y es casi el sinónimo de su ciudad capital: Boloña. Esta es la forma en que lo hace mi madre, y la forma en que lo hacía mi abuela...

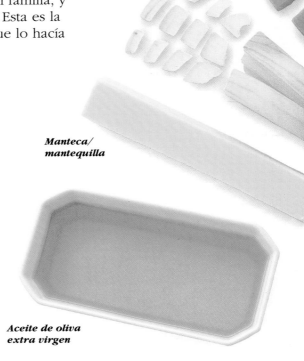

Cebolla

Manteca/
mantequilla

INGREDIENTES

Para pastas hechas con tres huevos (ver página 36)
o 500g de pastas secas compradas

45ml (3 cucharadas soperas) de aceite de oliva extra virgen
75g de manteca
2 cucharadas soperas de cebolla bien picada
2 cucharadas soperas de zanahorias cortadas en dados
2 cucharadas soperas de apio cortado en dados
350g de carne vacuna sin grasa y picada gruesa
sal
250ml de vino blanco seco
120ml (8 cucharadas soperas) de leche entera
1/2 cucharadita de nuez moscada recién rallada
500g de tomates en lata enteros y pelados, con su jugo,
cortados en trozos grandes
60g de queso parmesano rallado

Aceite de oliva
extra virgen

INGREDIENTES

1 Poner el aceite de oliva, un poco más de la mitad de la mantequilla y la cebolla en una sartén profunda, de fondo pesado, sobre fuego entre moderado y fuerte y saltear hasta que la cebolla se haya dorado.
2 Agregar la zanahoria y el apio y continuar salteando hasta que comiencen a cambiar de color.
3 Incorporar la carne, separándola con una cuchara de madera. Rociar con un poco de sal y cocinar, revolviendo ocasionalmente, hasta que la carne haya perdido el color a crudo.
4 Verter el vino y cocinar, revolviendo ocasionalmente, hasta que se haya evaporado por completo. Verter la leche, rociar con la nuez moscada y seguir cocinando, revolviendo, hasta que la mayor parte de la leche se haya evaporado.
5 Agregar los tomates, revolver, y una vez que comiencen a hacer burbujas, bajar el fuego a muy lento. Cocinar, sin tapar, al menos tres horas, revolviendo ocasionalmente.

Se puede preparar la salsa con anticipación hasta este punto y refrigerarla o inclusive congelarla. Cuando se la recalienta, agregar un par de cucharadas de agua.

6 Colocar las pastas en 4 litros de agua hirviendo con una cucharada de sal, revolver bien y cocinar hasta que estén *al dente*. Colar y mezclar con la salsa caliente o recalentada, la mantequilla restante y el queso rallado. Probar la sal y servir de inmediato.

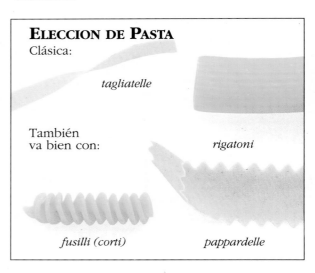

ELECCION DE PASTA
Clásica:

tagliatelle

También
va bien con:

rigatoni

fusilli (corti)

pappardelle

RAGU

Zanahoria

Apio

Carne picada

Sal

Vino blanco

Leche

Nuez moscada

Tomates en lata

Parmesano

Tagliatelle al ragu

FETTUCCINE
ALL'ALFREDO
Fettuccine con Mantequilla y Crema

Comúnmente se cree que este plato es oriundo del norte de Italia, pero en realidad proviene de Roma. Recibió el nombre del dueño de un restaurante, Alfredo, cuya característica era dar un último toque a sus pastas con un tenedor y una cuchara de oro antes de enviarlas a la mesa.

INGREDIENTES

**Para pastas hechas con 3 huevos (ver página 36)
o 500g de pastas secas compradas**

*45g de manteca/mantequilla
250ml de crema
una pizca de nuez moscada recién rallada
sal y pimienta negra recién molida
60g de queso parmesano rallado*

PREPARACION

1 Poner 4 litros de agua en una olla grande y colocarla sobre fuego fuerte.

2 Poner la mantequilla y la crema en una sartén grande a fuego entre moderado y fuerte, revolviendo con frecuencia, hasta que la crema se haya reducido casi a la mitad. Agregar la nuez moscada rallada, un poco de sal y una generosa vuelta del molinillo de la pimienta. Retirar del fuego y dejar a un costado.

3 Cuando el agua para las pastas esté hirviendo, y la salsa esté fuera del fuego, agregar una cucharada de sal al agua hirviendo y colocar las pastas todas de una vez, revolviendo bien. Cuando las pastas estén cocidas *al dente*, colar y agregarlas a la salsa de la sartén.

4 Agregar el queso rallado, mezclar hasta que la pasta esté bien impregnada con la salsa, probar la sal y pimienta y servir de inmediato.

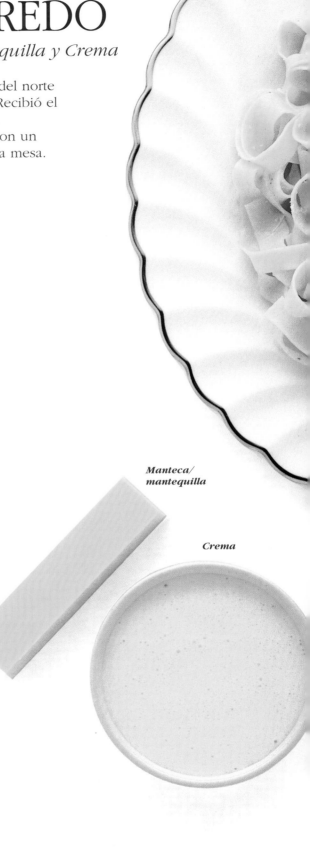

Manteca/
mantequilla

Crema

ELECCION DE PASTA
Clásica:

fettuccine

También
va bien
con:

tagliatelle

Fettuccine all'Alfredo

Queso parmesano
rallado

Pimienta negra

Nuez moscada

Sal

SPAGHETTI ALLA
CARBONARA

Spaghetti con Tocino y Huevos Crudos

Muchas de las recetas que conozco de este plato usan crema. He aprendido de mi madre a hacerla sin crema y así lo prefiero: pienso que la pasta caliente es suficiente. Sin embargo, me desvío de la receta de mi madre al usar sólo la yema en lugar del huevo entero, lo que hace que el plato sea más contundente. Si no encuentra *panceta*, puede sustituirla por tocino de buena calidad que no sea ahumado.

Vino blanco

INGREDIENTES

Para 500g de pastas secas compradas

30g de manteca/mantequilla
30ml (2 cucharadas soperas) de aceite de oliva extra virgen
125g de panceta/tocino *cortado en rodajas de un trozo de 6mm de ancho*
90ml (6 cucharadas soperas) de vino blanco seco
4 yemas de huevo
3 cucharadas soperas de queso parmesano rallado
1 cucharada sopera de queso pecorino romano *rallado*
1 cucharada sopera de perejil de hoja plana bien picado
sal y pimienta negra recién molida

Panceta/ tocino

PREPARACION

1 Colocar 4 litros de agua en una olla grande a fuego fuerte.
2 Poner la mantequilla y el aceite de oliva en una pequeña sartén a fuego entre moderado y fuerte. Cuando la mantequilla se haya derretido, agregar la *panceta/tocino* y cocinar hasta que esté bien dorado pero no tostado. Verter el vino blanco y seguir cocinando hasta que se haya reducido a aproximadamente la mitad. Retirar del fuego y poner a un costado.
3 Cuando el agua para las pastas esté hirviendo, y la salsa fuera del fuego, agregar 1 cucharada de sal al agua hirviendo y colocar la pasta toda de una vez, revolviendo hasta que esté sumergida por completo.
4 En una fuente para mezclar (lo suficientemente grande como para que entre la pasta), batir ligeramente las yemas con los dos tipos de queso rallado, el perejil, una pizca de sal y varias vueltas del molinillo de pimienta.
5 Cuando la pasta esté cocida *al dente*, volver a poner la sartén con la *panceta* a fuego fuerte. Colar la pasta y agregarla al recipiente que contiene las yemas y el queso. Mezclar hasta que la pasta esté bien impregnada con la mezcla de huevo y queso y agregar la *panceta/tocino* caliente. Servir de inmediato.

Aceite de oliva extra virgen

Mantequilla

ELECCION DE PASTA
Clásica:

spaghetti

Parmesano

Pecorino romano

**Perejil de
hoja plana**

Sal

Pimienta negra

Yemas de huevo

**Spaghetti
alla carbonara**

SPAGHETTI ALLE
VONGOLE
Spaghetti con Almejas

El secreto para obtener el mejor sabor en este plato es terminar de cocinar los spaghetti en la sartén junto con la salsa, para que absorban el jugo que largan los mejillones al abrirse. Las almejas que tardan más en abrirse en la sartén son las más frescas, no las deseche. Sin embargo, deseche las almejas que están abiertas al ser compradas y que no se cierran al apretarlas; están muertas.

INGREDIENTES

Para 500g de pastas secas compradas

90ml (6 cucharadas soperas) de aceite de oliva extra virgen
1 cucharada sopera de ajo bien picado
1 cucharada sopera de perejil de hoja plana bien picado
una pizquita de ají/chile molido
48 almejas/berberechos pequeñas vivas, sumergidas en agua durante cinco minutos y luego escurridas, con las conchillas bien restregadas
sal
90ml (6 cucharadas soperas) de vino blanco seco
30g de manteca/mantequilla

PREPARACION

1 Colocar el aceite de oliva y el ajo en una sartén grande (lo suficiente como para acomodar las almejas y luego la pasta) sobre fuego entre moderado y fuerte. Cocinar hasta que el ajo comience a chisporrotear. Luego agregar el ají molido y el perejil.
2 Agregar las almejas en sus conchas, aderezar con sal y mezclar bien. Verter el vino y cocinar, revolviendo de vez en cuando, hasta que el alcohol se haya consumido: aproximadamente un minuto. Luego cubrir la sartén para que el vapor abra las almejas.
3 Mientras las almejas reciben el vapor, colocar 4 litros de agua en una olla grande a fuego fuerte.
4 Controlar las almejas con frecuencia, y cuando todas se hayan abierto, retirar la sartén del fuego.
5 Cuando el agua para las pastas esté hirviendo, agregar una cucharada sopera de sal y colocar la pasta toda de una vez, revolviendo hasta que quede sumergida por completo. Cuando la pasta esté *molto al dente* (aproximadamente un minuto antes de estar *al dente*), colarla.
6 De inmediato, volver a poner a fuego moderado las almejas y agregar la pasta colada para que termine de cocinarse en la sartén. Para cuando esté *al dente*, debe quedar poco líquido (la cantidad puede controlarse cubriendo o descubriendo la sartén mientras la pasta se cocina). Mezclar con la mantequilla y servir de inmediato.

Ají molido

Perejil de hoja plana

Ajo

Aceite de oliva extra virgen

ELECCION DE PASTA
Clásica:

spaghetti

Almejas

Sal

Vino blanco

Manteca/mantequilla

Spaghetti alle vongole

RECETAS

Las recetas de este capítulo, tanto las clásicas como las novedosas, están agrupadas según el tipo y la forma de pasta. Todas reflejan una aproximación genuina y directa al sabor característico de la cocina italiana. Hay platos fríos y calientes, sopas y hasta un postre. Cada receta se presenta con su forma ideal de pasta y con sugerencias para posibles alternativas.

Cada receta alcanza para 6 personas si va seguida de un segundo plato, o para 4 si se la sirve sola.

Si se desea una guía paso a paso de preparación de las verduras, ver páginas 150 y 151.

PASTA LUNGA
Pastas Largas

SPAGHETTINI ALLE ERBE

Spaghettini con Ajo y Hierbas Frescas

Este es un buen ejemplo de cómo el pan rallado se usa a veces con salsas a base de aceite de oliva para ayudar a que la salsa se adhiera a la pasta.

INGREDIENTES

Para 500g de *spaghettini*

120ml (8 cucharadas) de aceite de oliva extra virgen
1 cucharadita de ajo bien picado
2 cucharadas de perejil de hoja plana bien picado
1/2 cucharadita de romero fresco bien picado
1/2 cucharadita de tomillo fresco bien picado
sal y pimienta negra molida en el momento
1 cucharadita de albahaca fresca cortada en tiritas
2 cucharadas de pan rallado sin especias

PREPARACION

1 Poner a hervir 4 litros de agua en una olla grande. Agregar 1 cucharada de sal y colocar la pasta toda de una vez, revolviendo hasta que quede sumergida por completo.
2 Poner el aceite de oliva y el ajo en una sartén grande a fuego entre mediano y fuerte y cocinar hasta que el ajo comience a cambiar de color.
3 Agregar el perejil, el romero y el tomillo y sazonar con sal y pimienta negra. Después de aproximadamente 30 segundos, retirar del fuego y dejar a un costado.
4 Cuando la pasta esté cocida *al dente*, colarla y agregarla a la salsa en la sartén que se vuelve a poner a fuego lento.
5 Agregar la albahaca y mezclar hasta que la pasta esté bien impregnada de la salsa. Espolvorear con el pan rallado, volver a mezclar, probar la sal y servir de inmediato.

También se puede servir con: *spaghetti*

SPAGHETTINI ALLA NURSINA

Spaghettini con Trufas Negras

Este plato recibe su nombre de Norcia, una ciudad en el corazón de la región de trufas negras en el centro de Italia. Aunque la trufa blanca de Alba es la aristócrata de las trufas, la trufa negra no debe ser objeto de burla. No puedo pensar en una mejor manera de comer spaghettini *que embebidos del delicioso aroma boscoso de las trufas negras.*

INGREDIENTES

Para 500g de *spaghettini*

120ml (8 cucharadas) de aceite de oliva extra virgen
2-3 dientes de ajo, ligeramente aplastados y pelados, pero enteros
2 filetes de anchoa bien picados
125-150g de trufas negras frescas o en conserva y ralladas, siempre que sean de buena calidad
sal

PREPARACION

1 Poner a hervir 4 litros de agua en una olla grande. Agregar 1 cucharada de sal y poner la pasta toda de una vez, revolviendo hasta que quede sumergida por completo.
2 Poner el aceite de oliva y el ajo en una sartén grande a fuego entre mediano y fuerte y cocinar hasta que el ajo se haya dorado de todos lados.
3 Retirar el ajo y tirarlo. Bajar a fuego suave. Dejar que el aceite se enfríe un poco, y agregar las anchoas. Cocinar, revolviendo con cuchara de madera, hasta que las anchoas se hayan desmenuzado por completo. Retirar la sartén del fuego, incorporar las trufas y sazonar con poca sal.
4 Cuando la pasta esté cocida *al dente*, colar y mezclar bien con la salsa. Probar la sal y servir de inmediato.

Spaghettini ai Gamberi, Pomodoro e Capperi

*Spaghettini con Camarones,
Tomates y Alcaparras*

INGREDIENTES

Para 500g de *spaghettini*

*90ml (6 cucharadas) de aceite de oliva extra virgen
125g de cebolla cortada a lo largo en rodajas finas
500g de tomates frescos, pelados, sin semillas y cortados
en dados de 1 cm
1/2 cucharadita de orégano fresco picado o 1/4
cucharadita de orégano disecado
1 1/2 cucharada de alcaparras
350g de camarones medianos crudos, pelados y
desnervados, si es necesario, cortados en trozos de 1 cm
sal y pimienta negra molida en el momento*

PREPARACION

1 Poner el aceite de oliva y la cebolla en una sartén grande a fuego mediano y cocinar hasta que la cebolla se haya dorado en los bordes.
2 Aumentar a fuego entre mediano y fuerte y agregar los tomates. Cocinar hasta que la mayor parte del líquido se haya evaporado siempre que los tomates no se hayan deshecho por completo. Para lograr esto, tal vez sea necesario levantar el fuego un poco más, pero hay que tener cuidado de no quemar la preparación.
3 Mientras tanto, poner a hervir 4 litros de agua en una olla grande. Agregar 1 cucharada de sal y poner la pasta toda de una vez, revolviendo hasta que quede sumergida por completo.
4 Agregar a la salsa el orégano, las alcaparras y los camarones y sazonar con sal y pimienta negra. Cocinar hasta que los camarones se vuelvan rosados, aproximadamente 2 minutos. Retirar la sartén del fuego.
5 Cuando la pasta esté cocida *al dente*, colar y mezclar con la salsa. Servir de inmediato.

También se puede servir con: *spaghetti*

SPAGHETTINI ALLE OLIVE NERE

Spaghettini con Tomates y Aceitunas Negras

INGREDIENTES

Para 500g de *spaghettini*

90ml (6 cucharadas) de aceite de oliva extra virgen
2 cucharaditas de ajo bien picado
2 cucharadas de perejil de hoja plana bien picado
500g de tomates en lata enteros y pelados, con su jugo,
cortados en trozos grandes
sal y pimienta negra molida en el momento
8-10 aceitunas negras, sin carozo, cortadas a lo largo

PREPARACION

1 Poner el aceite de oliva y el ajo en una sartén a fuego entre mediano y fuerte y cocinar hasta que el ajo comience a cambiar de color.

2 Agregar el perejil y los tomates. Sazonar con sal y pimienta negra y cocinar hasta que los tomates se hayan reducido y separado del aceite. Retirar del fuego y dejar a un costado.

Se puede preparar la salsa con anticipación hasta este punto y refrigerarla o, inclusive, congelarla.

3 Poner a hervir 4 litros de agua en una olla grande. Agregar 1 cucharada de sal y colocar la pasta toda de una vez, revolviendo hasta que quede sumergida por completo.

4 Volver a colocar la sartén con la salsa a fuego lento e incorporar las aceitunas.

5 Cuando la pasta esté cocida *al dente*, colar y mezclar con la salsa. Probar la sal y la pimienta y servir de inmediato.

También se puede servir con: *spaghetti*

SPAGHETTI AI GAMBERI E PEPERONI ARROSTO

Spaghetti con Camarones y Pimientos Rojos Asados

INGREDIENTES

Para 500g de *spaghetti*

2 pimientos rojos
45ml (3 cucharadas) de aceite de oliva extra virgen
1/2 cucharadita de ajo bien picado
250g de camarones medianos crudos, pelados,
desnervados, si es necesario, y cortados en trozos de 1 cm
sal y pimienta negra molida en el momento
180ml de crema entera
1 cucharada de perejil de hoja plana bien picado

PREPARACION

1 Asar los pimientos en el grill o sobre la llama hasta que la piel se queme de todos lados. Colocarlos en un recipiente que se cubre con película autoadherente. Después de 20 minutos sacar los pimientos, cortarlos al medio, quitarles el centro y raspar los restos de piel y las semillas. Cortar la pulpa en cuadrados de 2 cm.

2 Poner a hervir 4 litros de agua en una olla grande. Agregar 1 cucharada de sal y colocar la pasta toda de una vez, revolviendo hasta que quede sumergida por completo.

3 Poner el aceite de oliva y el ajo en una sartén grande, a fuego entre mediano y fuerte, y cocinar hasta que el ajo comience a cambiar de color. Agregar los camarones, sazonar con sal y pimienta negra y cocinar, revolviendo con frecuencia, hasta que los camarones se vuelvan rosados: 1-2 minutos.

4 Agregar los pimientos asados, la crema y el perejil. Cocinar hasta que la crema se haya reducido por lo menos a la mitad. Retirar la sartén del fuego y dejar a un costado.

5 Cuando la pasta esté cocida *al dente*, volver a poner la salsa a fuego lento, colar la pasta y agregarla a la sartén. Mezclar sobre el fuego hasta que la pasta esté bien cubierta. Servir de inmediato.

También se puede servir con: *fusilli lunghi, fettuccine*

SPAGHETTINI AI GAMBERI E FINOCCHIO

Spaghettini con Camarones e Hinojo Fresco

INGREDIENTES

Para 500g de *spaghettini*

90ml (6 cucharadas) de aceite de oliva extra virgen
2 cucharaditas de ajo bien picado
350g de hinojo fresco, sin las puntas, los bulbos cortados
a lo largo en rodajas muy finas
500g de tomates frescos y maduros, pelados, sin semillas
y cortados en dados de 1 cm
1 cucharadita de mejorana fresca picada o 1/2
cucharadita de mejorana disecada
350g de camarones medianos crudos, pelados,
desnervados, si es necesario, y cortados en trozos de 1cm
sal y pimienta negra molida en el momento

PREPARACION

1 Poner el aceite de oliva y el ajo en una sartén grande a fuego entre mediano y fuerte y cocinar hasta que el ajo comience a cambiar de color. Incorporar el hinojo, cubriéndolo bien con el aceite y agregar aproximadamente 50ml (3 cucharadas) de agua. Bajar a fuego entre mediano y lento, cubrir la sartén y cocinar hasta que el hinojo esté bien tierno: 15-25 minutos.
2 Colocar 4 litros de agua en una olla grande a fuego fuerte.
3 Destapar la sartén con el hinojo, levantar a fuego entre mediano y fuerte, y cocinar hasta que el agua de la sartén se haya evaporado. Incorporar los tomates y cocinar un poco hasta que el agua que sueltan se haya evaporado.
4 Cuando el agua para la pasta esté hirviendo, agregar 1 cucharada de sal y echar la pasta toda de una vez, revolviendo hasta que quede sumergida por completo.
5 Agregar a la salsa la mejorana y los camarones, sazonar con sal y pimienta negra, y cocinar hasta que los camarones se vuelvan rosados: alrededor de 2 minutos. Retirar la sartén del fuego y dejar a un costado.
6 Cuando la pasta esté cocida *al dente*, colar y mezclar con la salsa. Probar la sal y la pimienta y servir de inmediato.

También se puede servir con: *spaghetti, fusilli lunghi*

SPAGHETTI AL SUGO DI CIPOLLE VARIE

Spaghetti con Puerros, Cebollitas Echalotes y Cebollas

INGREDIENTES

Para 500g de *spaghetti*

120ml (8 cucharadas) de aceite de oliva extra virgen
4 cucharadas de cebollitas echalotes cortadas en
rodajas finas
250g de cebolla cortada en rodajas finas
350g de puerros, sin las puntas verdes, cortados en tiras
delgadas de 5 cm de largo
sal y pimienta negra molida en el momento
60ml de vino blanco seco
2 cucharadas de perejil de hoja plana bien picado
6 cucharadas de queso parmesano rallado

PREPARACION

1 Poner el aceite de oliva y las cebollitas en una sartén grande a fuego mediano y cocinar hasta que la cebolla tome un ligero color dorado.
2 Incorporar la cebolla y el puerro, sazonar con abundante sal y pimienta negra. Agregar 60ml (4 cucharadas) de agua, bajar a fuego entre mediano y lento y tapar la sartén. Cocinar hasta que las cebollas y los puerros se hayan tiernizado: aproximadamente 20-30 minutos.
3 Colocar 4 litros de agua en una olla grande a fuego fuerte.
4 Quitar la tapa a la sartén con la salsa y subir a fuego entre mediano y fuerte. Cocinar, revolviendo cada tanto, hasta que todo el líquido se haya evaporado y las cebollas y el puerro comiencen a adquirir un profundo color dorado.
5 Cuando el agua para la pasta esté hirviendo, agregar 1 cucharada de sal y echar la pasta toda de una vez, revolviendo hasta que quede sumergida por completo.
6 Agregar a la salsa el vino y el perejil y cocinar hasta que el vino se haya evaporado totalmente. Retirar la sartén del fuego y dejar a un costado.
7 Cuando la pasta esté cocida *al dente*, colar y mezclar con la salsa, agregando el queso rallado. Probar la sal y la pimienta y servir de inmediato.

También se puede servir con: *spaghettini, tonnarelli, fusilli lunghi*

FUSILLI LUNGHI ALLA RUSTICA

Fusilli Largos con Pimientos, Aceitunas y Verduras

Esta salsa contundente y muy sabrosa es una receta de mi madre que me gusta mucho, y a la cual he realizado algunos cambios de poca importancia.

INGREDIENTES

Para 500g de *fusilli lunghi*

120ml (8 cucharadas) de aceite de oliva extra virgen
350g de cebolla cortada en rodajas finas
1 cucharadita de ajo bien picado
1/2 cucharadita de ají/chile molido
2 cucharadas de perejil de hoja plana bien picado
90g de panceta/tocino *cortado en tiras finas a partir de un trozo de 6mm de ancho*
1 pimiento amarillo o rojo grande, o 1/2 de cada uno, sin el centro ni las semillas, pelado y cortado en tiras de 1 cm de ancho
500g de tomates frescos y maduros, pelados, sin semillas y cortados en dados de 1 cm
sal
90g de aceitunas verdes, sin carozo, cortadas a lo largo
2 cucharadas de alcaparras
1 cucharadita de orégano fresco cortado o 1/2 cucharadita de orégano disecado
2 cucharadas de hojas de albahaca fresca cortada a mano en pequeños trozos
4 cucharadas de queso parmesano rallado
2 cucharadas de queso pecorino romano *rallado*

PREPARACION

1 Poner el aceite de oliva y la cebolla en una sartén grande a fuego entre mediano y lento y cocinar hasta que la cebolla esté tierna y de un profundo color dorado.
2 Levantar a fuego entre mediano y fuerte e incorporar el ajo, el ají molido y el perejil. Rehogar/saltear durante unos 30 segundos. Agregar la *panceta* y cocinar hasta que esté un poco dorada pero no tostada.
3 Colocar 4 litros de agua en una olla grande a fuego fuerte.
4 Agregar a la sartén con la salsa las tiras de pimientos y cocinar, revolviendo cada tanto, hasta que estén tiernos: aproximadamente 5-6 minutos. Colocar los tomates y cocinar hasta que se haya consumido el agua: otros 5-6 minutos.
5 Sazonar con sal, incorporar las aceitunas, las alcaparras, el orégano y la albahaca, y después de unos 30 segundos retirar del fuego y dejar a un costado.
6 Cuando el agua para la pasta esté hirviendo, agregar 1 cucharada de sal y echar la pasta toda de una vez, revolviendo hasta que quede sumergida por completo.
7 Cuando la pasta esté cocida *al dente*, colar y mezclar con la salsa, agregando los dos tipos de queso rallado. Probar la sal y servir de inmediato.

También se puede servir con: *fusilli cortos, penne, elicoidali*

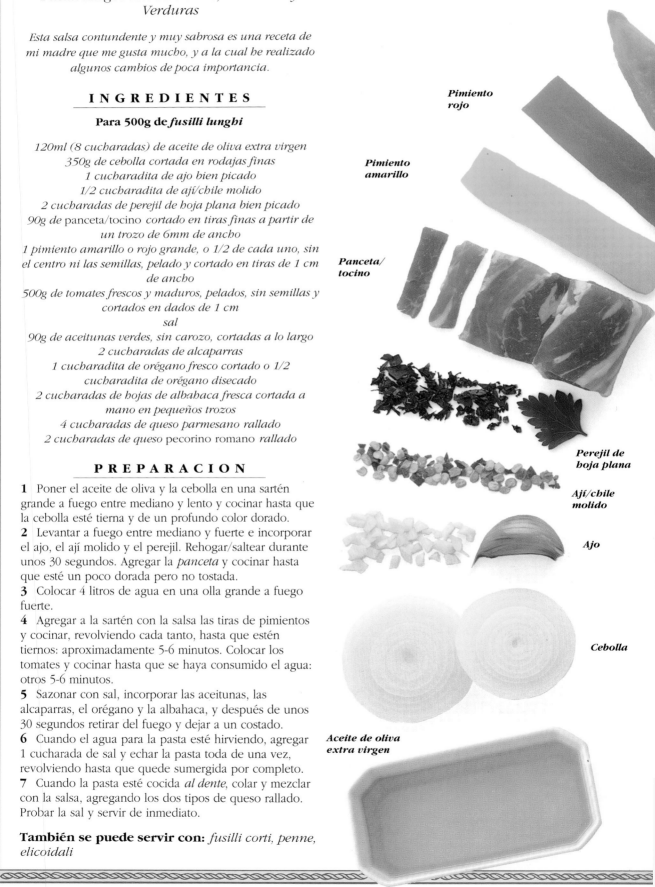

Pimiento rojo

Pimiento amarillo

Panceta/ tocino

Perejil de hoja plana

Ají/chile molido

Ajo

Cebolla

Aceite de oliva extra virgen

Tomates peritas frescos

Sal

Aceitunas verdes

Alcaparras

Orégano

Albahaca

Parmesano

Pecorino romano

Fusilli lunghi

Fusilli lunghi alla rustica

SPAGHETTI AI FRUTTI DI MARE

Spaghetti con Salsa de Mariscos

Italia, con sus dos costas importantes, tiene una variedad de platos que combinan pastas con mariscos. Este es uno de los más comunes, una delicia para los amantes de los mariscos de ambas costas, la adriática y la mediterránea.

INGREDIENTES

Para 500g de *spaghetti*

350g de calamares
12 almejas/vieyras vivas en sus conchas
12 mejillones vivos en sus conchas
125g de ostiones, sin coral
125g de camarones/langostinos medianos crudos
90ml (6 cucharadas) de aceite de oliva extra virgen, y un poco más para agregar a la salsa
1 cucharadita de ajo bien picado
1 cucharada de perejil de hoja plana bien picado
75ml de vino blanco
500g de tomates en lata, enteros y pelados, con su jugo, cortados en trozos grandes
sal
1/2 cucharadita de ají/chile molido

PREPARACION

1 Preparar el calamar como se muestra aquí. Cortar los tentáculos al medio y el cuerpo en anillos.
2 Limpiar los mejillones y las almejas: remojarlos en agua durante cinco minutos, enjuagarlos, y raspar las conchas. Desechar los que estén abiertos. Quitar las barbas de las mejillones y el coral de los ostiones, si lo hay. Pelar y desnervar los camarones y cortar por la mitad.
3 Poner el aceite de oliva y el ajo en una sartén grande a fuego entre mediano y fuerte y cocinar hasta que el ajo comience a chisporrotear. Incorporar el perejil y el calamar, y continuar revolviendo durante 1-2 minutos.
4 Verter el vino blanco y seguir cocinando hasta que se haya reducido a la mitad.
5 Agregar los tomates y dejar que hiervan. Reducir a fuego lento, cubrir la sartén con la tapa dejando una rendija y cocinar hasta que el calamar esté tierno: aproximadamente 45 minutos. Si el líquido se evapora antes de que el calamar esté cocido, agregar un poco de agua.
6 Cuando el calamar esté tierno, agregar un poco de sal (no agregarla antes de este punto, si no, el calamar se pondrá duro) y luego dejar la sartén a un costado.
7 Poner a hervir 4 litros de agua en una olla grande. Agregar 1 cucharada de sal y echar la pasta toda de una vez, revolviendo hasta que quede sumergida por completo.

PREPARACION DEL CALAMAR

1 Primero, enjuagar el calamar. Luego quitarle la bolsa interior, separando la cabeza del cuerpo. La bolsa interior sale junto con la cabeza.

8 Volver a poner la sartén al fuego y agregar el ají molido. Incorporar los mejillones y las almejas, y cuando éstos comiencen a abrirse (después de 2 minutos), agregar los ostiones y los camarones. Sazonar con sal, verter un poco de aceite de oliva extra, y cocinar durante 2-3 minutos más. Dejar a un costado.
9 Cuando la pasta esté cocida *al dente*, colar y mezclar con la salsa en un recipiente para servir, dejando las almejas y los mejillones en sus conchas. Probar la sal y servir de inmediato.

Almejas/ vieyras

Camarón/ langostino

Mejillón

Ostión

2 Separar los tentáculos de la cabeza y de la bolsa interior, cortando a la altura de los ojos. Guardar los tentáculos, que son comestibles, pero desechar el resto.

3 Separar el pico de los tentáculos. Buscar la protuberancia dura y apretar con los dedos con suavidad hasta separarla de la carne.

4 Tirar la espina transparente. Quitar la piel (es más fácil hacerlo bajo el chorro de agua). Volver a enjuagar.

Spaghetti ai frutti di mare

LINGUINE AL SUGO DI VONGOLE E ZUCCHINE

Linguine con Almejas y Zapallitos/Calabacitas/Ahuyama

Los zapallitos/calabacitas/ahuyamas con mariscos es una combinación magistral que se encuentra con frecuencia en la zona de la costa cerca de Nápoles. A pesar de su popularidad fuera del país, las linguine no se usan mucho en la cocina italiana. Sin embargo su forma y su firmeza son el complemento ideal para esta salsa.

INGREDIENTES

Para 500g de *linguine*

*120ml (8 cucharadas) de aceite de oliva extra virgen
100g de cebolla bien picada
2 cucharaditas de ajo bien picado
500g de zapallitos/calabacitas/ahuyamas pequeños, pelados y cortados en dados de 1 cm
sal y pimienta negra molida en el momento
90ml de vino blanco seco
36-48 almejas/vieyras vivas, embebidas en agua durante 5 minutos y escurridas, con las conchillas bien restregadas
2 cucharadas de hojas de albahaca fresca, cortadas a mano en trozos pequeños*

PREPARACION

1 Poner el aceite de oliva y la cebolla en una sartén (lo suficientemente grande como para que entre la pasta y las almejas) a fuego entre mediano y fuerte y rehogar/saltear hasta que la cebolla se ablande y adquiera un color dorado.
2 Agregar el ajo y rehogar/saltear hasta que comience a tener color. Incorporar los zapallitos, sazonar con sal y pimienta negra y bajar a fuego mediano. Cocinar, revolviendo cada tanto, hasta que los zapallitos estén tiernos y de color claro.
3 Colocar 4 litros de agua en una olla grande a fuego fuerte.
4 Levantar el fuego de la sartén para que quede entre moderado y fuerte y verter el vino blanco. Dejar que el vino se cocine hasta que el alcohol haya desaparecido: aproximadamente 1 minuto. Mientras tanto, buscar las almejas limpias, descartando las que estén abiertas.
5 Poner las almejas cerradas en la sartén. Revolver bien y tapar para que el vapor las abra (las que tardan más en abrirse son las más frescas). Controlarlas con frecuencia. Cuando todas las almejas se hayan abierto, retirar la sartén del fuego.
6 Cuando el agua de la pasta esté hirviendo, agregar 1 cucharada de sal y echar la pasta toda de una vez, revolviendo hasta que quede sumergida por completo.
7 Cuando la pasta esté *molto al dente* (aproximadamente un minuto antes de estar *al dente*), volver a colocar la sartén con los mariscos a fuego mediano, colar la pasta y agregarla a las almejas. (La pasta se terminará de cocinar en la sartén.)

8 Rociar la pasta con la albahaca. Agregar hasta 60ml (4 cucharadas) de agua si hay poco jugo de las almejas, cubrir y cocinar hasta que la pasta esté *al dente*. El plato terminado debe tener jugo, pero si es demasiado, quitar la tapa de la sartén y levantar el fuego hasta que el exceso de líquido se haya evaporado. Servir de inmediato.

También se puede servir con: *spaghetti* (pero no tiene el mismo éxito).

SPAGHETTI ALLA FIORETTO

Spaghetti con Bacalao Marinado

Mi esposa y yo descubrimos esta sorprendente receta en un restaurante llamado Fioretto en Latina, una ciudad al sur de Roma. La salsa nunca ve el fondo de una sartén, ni queda expuesta al fuego, pero el pescado "se cocina" al marinarlo en jugo de limón. Al final, se mezcla una papa hervida para espesar la salsa y ayudar a que se una con la pasta. El resultado es un plato delicioso y refrescante, ideal para el verano.

INGREDIENTES

Para 500g de *spaghetti*

*350g de filetes de bacalao, sin espinas y cortado en dados de 1 cm
90ml (6 cucharadas) de jugo de limón
4 cucharadas de cebolla bien picada
1/4 cucharadita de ají/chile molido
2 cucharadas de perejil de hoja plana bien picado
120ml (8 cucharadas) de aceite de oliva extra virgen
sal
1/2 papa grande hervida y pelada*

PREPARACION

1 Poner todos los ingredientes en un recipiente para mezclar, excepto la papa. Sazonar generosamente con sal y mezclar bien. Dejar a temperatura ambiente, revolviendo cada tanto, durante un mínimo de 2 horas, o hasta que el pescado se haya "cocido" y perdido su aspecto crudo.
2 Cuando el pescado esté listo, preparar la papa hirviéndola hasta que esté bien blanda.
3 Poner 4 litros de agua a hervir en una olla grande. Agregar una cucharada de sal y echar la pasta toda de una vez, revolviendo hasta que quede sumergida por completo.
4 Moler la papa hervida y agregarla al recipiente con la salsa, mezclándola bien.
5 Cuando la pasta esté cocida *al dente*, colarla y agregarla al recipiente, mezclando con vigor hasta que quede bien cubierta con la salsa. Probar la sal y agregar un poco más de aceite de oliva si la salsa está seca. Servir de inmediato.

SPAGHETTI AL TONNO FRESCO

Spaghetti con Atún Fresco y Pimientos Asados

I N G R E D I E N T E S

Para 500g de *spaghetti*

2 pimientos rojos
90ml (6 cucharadas) de aceite de oliva extra virgen
60g de cebolla cortada en rodajas finas
1 cucharadita de ajo picado
250g de atún fresco cortado en trozos de 1 cm
sal y pimienta negra molida en el momento
60ml (4 cucharadas) de vino blanco seco
1 cucharada de perejil de hoja plana bien picado
2 cucharadas de alcaparras

P R E P A R A C I O N

1 Asar los pimientos rojos en el grill o bajo la llama hasta que la piel se tueste por completo. Colocarlos en un recipiente que se cubre con película autoadherente. Después de unos 20 minutos, sacar los pimientos, cortarlos al medio, quitarles el centro y raspar la piel y las semillas. Cortarlos en tiras de 4cm de largo y 6mm de ancho.
2 Colocar 4 litros de agua en una olla grande, a fuego fuerte.
3 Poner el aceite de oliva y la cebolla en una sartén grande a fuego entre moderado y bajo y cocinar hasta que la cebolla se haya ablandado y adquirido un profundo color dorado en los bordes.
4 Levantar el fuego hasta que quede entre moderado y fuerte y agregar el ajo. Cocinar durante 1 minuto aproximadamente, y agregar el atún. Cocinar, revolviendo con frecuencia, durante otro minuto o hasta que el atún haya perdido el color a crudo. Hay que tener cuidado de no cocinar de más el atún o se secará demasiado. Sazonar con sal y pimienta negra.
5 Cuando el agua para la pasta esté hirviendo, agregar 1 cucharada de sal y echar la pasta toda de una vez, revolviendo hasta que quede sumergida por completo.
6 Agregar al atún los pimientos asados, revolver durante unos 30 segundos y luego verter el vino. Una vez que el vino se haya reducido, incorporar el perejil y las alcaparras. Retirar del fuego.
7 Cuando la pasta esté cocida *al dente*, colar y mezclar con la salsa. Probar la sal y la pimienta y servir de inmediato.

También se puede servir con: *fusilli lunghi, spaghettini*

SPAGHETTI ALLE COZZE

Spaghetti con Mejillones

I N G R E D I E N T E S

Para 500g de *spaghetti*

90ml (6 cucharadas) de aceite de oliva extra virgen
1 cucharadita de ajo bien picado
1/2 cucharadita de ají/chile molido
1 cucharada de perejil de hoja plana bien picado
60ml (4 cucharadas) de vino blanco seco
500g de tomates frescos y maduros, pelados, sin semillas, y cortados en dados de 1 cm
sal
40 mejillones vivos en sus conchillas, remojados en agua durante 5 minutos y escurridos, con las conchillas restregadas y las barbas cortadas
2 cucharadas de albahaca cortada en tiritas

P R E P A R A C I O N

1 Colocar 4 litros de agua en una olla grande a fuego fuerte.
2 Poner 60ml (4 cucharadas) de aceite de oliva y el ajo en una sartén (lo suficientemente grande como para que entren los mejillones y la pasta) a fuego entre mediano y fuerte y cocinar hasta que el ajo comience a chisporrotear. Incorporar el ají molido y el perejil y verter el vino.
3 Una vez que el alcohol se haya consumido, en 1 minuto aproximadamente, agregar los tomates y sazonar con sal. Buscar los mejillones limpios, descartar los que estén abiertos, y colocar los cerrados en la salsa de tomate. Revolver bien y cubrir la sartén para que el vapor los abra (aquellos que tardan más en abrirse son los más frescos).
4 Cuando el agua para la pasta esté hirviendo, agregar 1 cucharada de sal y echar la pasta toda al mismo tiempo, revolviendo hasta que quede sumergida por completo.
5 Controlar con frecuencia los mejillones, y cuando todos se hayan abierto, incorporar la albahaca y retirar la sartén del fuego.
6 Cuando la pasta esté *molto al dente* (aproximadamente 1 minuto antes de estar *al dente*), volver a colocar la sartén con los mejillones a fuego mediano, colar la pasta y agregarla a los mejillones para que termine de cocinarse en la sartén. Cuando esté *al dente* debe quedar poco líquido (esto puede controlarse tapando y destapando la sartén hasta que la pasta se cocine).
7 Mezclar el aceite de oliva restante y servir de inmediato con los mejillones en sus conchillas.

Spaghetti alle cozze
(pág. 81)

Bucatini alla sorrentina
(pág. 84)

Spaghetti al tonno fresco
(pág. 81)

BUCATINI ALLA SORRENTINA

Bucatini con Tomates, Albahaca y Mozzarella

Esta deliciosa receta proviene de la región de Campania, famosa por sus tomates dulces y sabrosos y su nutritiva mozzarella hecha con leche de búfalo. A menos que pueda encontrar tomates frescos tan buenos como los de Campania, es mejor usar los enlatados de buena calidad. También puede resultar difícil encontrar mozzarella de búfalo, y además es muy costosa; por lo tanto, recomiendo usar una buena mozzarella hecha con leche entera de vaca.

INGREDIENTES

Para 500g de *bucatini*

60g de manteca/mantequilla
125g de cebolla cortada en rodajas finas
500g de tomates en lata enteros y pelados, con su jugo, cortados en trozos grandes
sal y pimienta negra molida en el momento
2 cucharadas de hojas de albahaca fresca cortadas a mano en trozos pequeños
250g de mozzarella, cortada en dados de 6mm

PREPARACION

1 Derretir la mantequilla en una sartén a fuego moderado. Agregar la cebolla y cocinar hasta que se haya ablandado y adquirido un profundo color dorado.
2 Agregar los tomates, sazonar con sal y pimienta negra y cocinar hasta que los tomates se hayan reducido y separado de la mantequilla: 15-25 minutos.

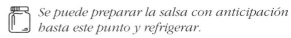 *Se puede preparar la salsa con anticipación hasta este punto y refrigerar o inclusive congelar.*

3 Incorporar la albahaca y cocinar durante unos 2 minutos. Retirar del fuego y dejar a un costado.
4 Colocar 4 litros de agua a hervir en una olla grande. Agregar 1 cucharada de sal y echar la pasta toda de una vez, revolviendo hasta que quede sumergida por completo.
5 Después de que la pasta se haya cocido durante 5 minutos, regresar la sartén con la salsa a fuego lento. Cuando la pasta esté *molto al dente* (aproximadamente 30 segundos antes de estar *al dente*), colar y pasar al recipiente donde se la va a servir. Agregar la salsa y la *mozzarella*. Tapar el recipiente y dejar 2-3 minutos para que el queso se derrita antes de servir.

También pueden usarse: *fusilli lunghi, spaghetti*

BUCATINI ALLA'AMATRICIANA

Bucatini con Salsa de Tomate Picante

Este es un clásico plato romano. Si lo pide en un restaurante de Roma, verá que el mozo trae el plato a la mesa y lo cubre antes de irse. Usted se preguntará por qué, ya que tapar un plato de pastas es lo peor que se puede hacer. Pero él sabe muy bien lo que hace: el vapor permite que la pasta caliente se impregne del sabor arómatico del ají molido.

INGREDIENTES

Para 500 g de *bucatini*

60g de manteca/mantequilla
100g de cebolla bien picada
60g de panceta/tocino, cortado en tiras finas a partir de un trozo de 1cm de ancho
500g de tomates en lata enteros y pelados, con su jugo, cortados en trozos grandes
1/4 cucharadita o más de ají/chile molido
sal
6 cucharadas de queso parmesano rallado
2 cucharadas de queso pecorino romano rallado

PREPARACION

1 Derretir la mitad de la mantequilla en una sartén a fuego entre mediano y lento. Agregar la cebolla y cocinar hasta que haya adquirido un profundo color dorado. Agregar la panceta y saltear hasta que esté dorada pero no tostada.
2 Incorporar los tomates y el ají molido y sazonar con sal. Cocinar hasta que los tomates se hayan reducido y separado de la mantequilla: 20-30 minutos. Retirar del fuego y dejar a un costado.

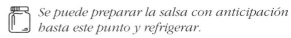 *Se puede preparar la salsa con anticipación hasta este punto y refrigerar.*

3 Colocar 4 litros de agua a hervir en una olla grande. Agregar 1 cucharada de sal y echar la pasta toda de una vez, revolviendo hasta que quede sumergida por completo.
4 Después que la pasta se haya cocinado durante 5 minutos, volver a colocar la sartén con la salsa a fuego lento. Cuando la pasta esté *molto al dente* (aproximadamente 30 segundos antes de estar *al dente*), colar y pasar al recipiente donde se va a servir. Agregar la salsa, la manteca restante y los dos tipos de queso rallado. Mezclar con vigor. Cubrir el recipiente y esperar 2 minutos antes de servir.

También se puede servir con: *fusilli lunghi, penne lisce*

BUCATINI COI POMODORI AL FORNO

Bucatini con Tomates al Horno

Desde que tengo memoria, los tomates al horno han sido uno de los alimentos favoritos de mi familia, y la receta apareció en el primer libro de mi madre. Ella solía incluirlos en los almuerzos que llevaba a la escuela en Nueva York, para sorpresa de mis compañeros que desenvolvían sandwiches rellenos con jamón y queso mientras que yo desenvolvía uno con cortes de ternera, berenjena frita y tomates al horno. Una forma deliciosa de comer estos tomates es en una salsa para pasta.

INGREDIENTES

Para 500g de *bucatini*

350g de tomates maduros y frescos
1 cucharadita de ajo bien picado
2 cucharadas de perejil de hoja plana bien picado
sal y pimienta negra molida en el momento
90ml (6 cucharadas) de aceite de oliva extra virgen
2 cucharadas de queso pecorino romano *rallado*
4 cucharadas de queso parmesano rallado

PREPARACION

1 Calentar el horno a 180°C.
2 Cortar los tomates al medio, a lo largo, quitarles las semillas y colocar las mitades en una plancha de hornear con el corte hacia arriba. Echar el ajo y el perejil en las cavidades y sazonar con sal y pimienta negra. Rociar los tomates con el aceite de oliva y colocar la plancha en el horno. Hornear hasta que los tomates se resequen un poco y comiencen a ponerse marrones en los bordes: aproximadamente 1 hora. Guardar el aceite de la plancha.

 Se pueden preparar los tomates con anticipación y refrigerarlos.

3 Poner 4 litros de agua a hervir en una olla grande. Agregar 1 cucharada de sal y echar la pasta toda de una vez, revolviendo hasta que quede sumergida por completo.
4 Mientras tanto, cuando los tomates estén lo suficientemente fríos como para tocar, separar la pulpa de la piel con un cuchillo. Desechar la piel y cortar la pulpa en trozos grandes. Poner los tomates cortados y el aceite de oliva que se guardó en una sartén a fuego entre moderado y bajo. Revolver cada tanto mientras se cocina la pasta.
5 Cuando la pasta esté cocida *al dente*, colar y mezclar con la salsa y los dos tipos de queso rallado. Servir de inmediato.

También se puede servir con: *spaghetti, penne, fusilli lunghi, fusilli corti, penne, cavatappi*

SPAGHETTI FREDDI COI FRUTTI DI MARE

Ensalada de Spaghetti con Camarones y Ostiones

Para un italiano, comer pasta fría es, en general, un acto antinatural, pero, aunque es bastante raro, existen en Italia platos de pasta fría. Sin embargo, no tienen ningún parecido con las interpretaciones distorsionadas que se encuentran fuera de Italia. Por ejemplo, nunca se usan aderezos dulces del tipo de la mayonesa. Las ensaladas italianas de pastas intentan brindar una defensa refrescante y estimulante para el paladar contra el calor de uno de esos mediodías de verano que quitan el apetito.

INGREDIENTES

Para 500g de *spaghetti*

2 pimientos rojos
sal
30ml (2 cucharadas) de vinagre de vino tinto
125g de camarones medianos crudos
125g de ostiones, sin coral
75ml (5 cucharadas) de aceite de oliva extra virgen
12 aceitunas verdes, sin carozo, cortadas a lo largo
12 aceitunas negras, sin carozo, cortadas a lo largo
2 cucharaditas de mejorana fresca bien picada o
1/2 cucharadita de mejorana disecada
2 cucharadas de perejil de hoja plana bien picado
1/4 cucharadita de ají/chile molido
30ml (2 cucharadas) de jugo de limón exprimido

PREPARACION

1 Asar los pimientos rojos en el grill o sobre la llama hasta que la piel esté tostada por completo. Colocarlos en un recipiente que se cubre con película autoadherente. Después de aproximadamente 20 minutos sacar los pimientos, cortarlos al medio, quitarles el centro y raspar la piel tostada y las semillas. Cortar la pulpa en cuadrados de 1 cm.
2 Poner 2 litros de agua a hervir, agregar 2 cucharaditas de sal y el vinagre y echar los camarones. Cuando estén de color rosado y el agua haya vuelto a hervir (1-2 minutos), sacar con una espumadera y dejar a un costado. Echar los ostiones. Cuando los ostiones estén cocidos (2-3 minutos), colarlos.
3 Cuando los mariscos estén lo suficientemente fríos como para tocar, pelar los camarones. Cortar los camarones y los ostiones en trozos de 1 cm.
4 Poner 4 litros de agua a hervir. Agregar 1 cucharada de sal y echar la pasta toda de una vez, revolviendo hasta que quede sumergida por completo.
5 Cuando la pasta esté *molto al dente* (aproximadamente 30 segundos antes de estar *al dente*), colar y mezclar en un recipiente con 30ml (2 cucharadas) de aceite de oliva hasta que esté bien cubierta. Agregar todo el resto de los ingredientes y mezclar bien. Dejar enfriar por completo antes de servir, pero sin refrigerar.

SPAGHETTI ALLA CHECCA

Spaghetti con Tomates Frescos, Hierbas y Mozzarella

Descubrí este refrescante plato veraniego en un restaurante llamado Cambusa en Positano, cerca de Nápoles. Es otra de esas salsas "sin cocinar", donde los ingredientes sólo se calientan con el aceite que se les echa antes de mezclar con la pasta.

INGREDIENTES

Para 500g de *spaghetti*

1 kg de tomates maduros y frescos, pelados, sin semillas, y cortados en dados de 6mm
250g de mozzarella, cortada en dados de 6mm
2 cucharaditas de albahaca fresca picada
2 cucharaditas de orégano fresco picado
2 cucharaditas de mejorana fresca picada
1 cucharadita de tomillo fresco picado
sal y pimienta negra molida en el momento
120ml (8 cucharadas) de aceite de oliva extra virgen

PREPARACION

1 Poner 4 litros de agua a hervir en una olla grande. Agregar 1 cucharada de sal y echar la pasta toda de una vez, revolviendo hasta que quede sumergida por completo.

2 Mientras tanto, poner los tomates, la *mozzarella* y todas las hierbas en un recipiente para servir lo suficientemente grande como para que entre la pasta. Sazonar con sal y pimienta negra y mezclar bien.

3 Calentar el aceite de oliva hasta que comience a echar humo y volcarlo sobre la mezcla en el recipiente.

4 Cuando la pasta esté cocida *molto al dente* (aproximadamente 30 segundos antes de estar *al dente*), colar y agregar a la salsa. Mezclar con vigor hasta que la pasta esté bien cubierta. Cubrir el recipiente con una tapa y dejar 2 minutos para que el queso se derrita antes de servir.

También se puede servir con: *spaghettini*

Orégano

Albahaca

Mozzarella

Tomates frescos

Tomillo

Sal

*Pimienta
negra*

*Aceite de oliva
extra virgen*

Spaghetti

Mejorana

**Spaghetti
alla checca**

FUSILLI LUNGHI CON LA BELGA E PORRI

Fusilli Largo con Achicoria, Puerros y Pimientos Rojos Asados

INGREDIENTES

Para 500g de *fusilli lunghi*

1 pimiento rojo
90ml (6 cucharadas) de aceite de oliva extra virgen
1 cucharadita de ajo bien picado
3 puerros de tamaño mediano, cortados al medio a lo largo y luego al través en piezas de 6mm de ancho
60g de achicoria, bien cortada a lo largo
sal y pimienta negra molida en el momento

PREPARACION

1 Asar el pimiento rojo en el grill o sobre la llama hasta que la piel esté tostada por completo. Colocarlo en un recipiente que se cubre con película autoadherente. Después de 20 minutos aproximadamente, sacar el pimiento, cortarlo al medio, quitarle el centro y raspar la piel y las semillas. Cortar en tiras de 2,5cm de largo y 3mm de ancho.
2 Poner el aceite de oliva y el ajo en una sartén grande a fuego entre mediano y fuerte. Cuando el ajo comience a cambiar de color, agregar los puerros y la achicoria. Sazonar con sal y pimienta negra, y revolver para que queden bien cubiertos con el aceite y el ajo. Bajar a fuego entre mediano y lento, cubrir la sartén y cocinar, revolviendo cada tanto, hasta que las verduras estén bien tiernas y con una textura casi cremosa: al menos 20 minutos.
3 Mientras tanto, poner a hervir 4 litros de agua en una olla grande. Agregar 1 cucharada de sal y echar la pasta toda de una vez, revolviendo hasta que quede sumergida por completo.
4 Quitar la tapa a la sartén, levantar a fuego entre mediano y fuerte y agregar las tiras de pimiento asado. Cocinar, revolviendo con frecuencia, durante 2-3 minutos. Retirar del fuego y dejar a un costado.
5 Cuando la pasta esté cocida *al dente*, colar y mezclar con la salsa. Probar la sal y la pimienta y servir de inmediato.

También se puede servir con: *spaghetti, gnocchi, conchiglie*

SPAGHETTI AL POMODORO

Spaghetti con Tomates, Zanahorias y Apio

INGREDIENTES

Para 500g de *spaghetti*

60g de manteca/mantequilla
4 cucharadas de cebolla bien picada
4 cucharadas de zanahoria cortada en dados
4 cucharadas de apio cortado en dados
500g de tomates en lata enteros y pelados, con su jugo, cortados en trozos grandes
sal
6 cucharadas de queso parmesano rallado

PREPARACION

1 Derretir la manteca en una sartén a fuego entre mediano y lento. Agregar la cebolla y cocinar hasta que esté tierna y haya adquirido un profundo color dorado. Agregar las zanahorias y el apio y seguir cocinando hasta que estén de color claro.
2 Agregar los tomates, sazonar con sal y cocinar hasta que se hayan reducido y separado de la mantequilla: unos 20-30 minutos. Sacar del fuego y dejar a un costado.

Se puede preparar la salsa con anticipación hasta este punto y refrigerar o inclusive congelar.

3 Poner a hervir 4 litros de agua. Agregar 1 cucharada de sal y echar la pasta toda de una vez, revolviendo hasta que quede sumergida por completo.
4 Cuando la pasta esté casi hecha, volver a colocar la salsa a fuego moderado. Una vez que la pasta esté cocida *al dente*, colar y mezclar con la salsa, agregando el queso rallado. Probar la sal y servir de inmediato.

También se puede servir con: *penne, fusilli lunghi, fusilli corti, spaghettini*

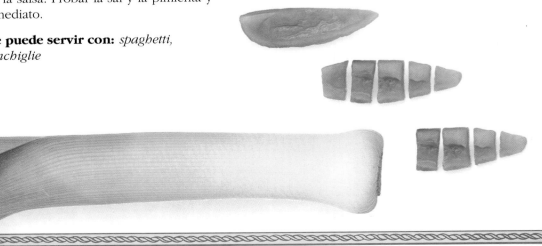

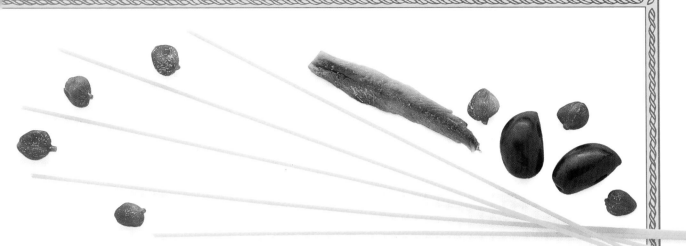

Spaghetti alla Puttanesca Bianca

Spaghetti con Alcaparras, Aceitunas y Anchoas

Esta salsa se conoce como puttanesca *"blanca" porque se hace sin tomate.*

INGREDIENTES

Para 500g de *spaghetti*

120ml (8 cucharadas) de aceite de oliva extra virgen
6 filetes de anchoas picados
1 cucharadita de ajo bien picado
1 cucharada de perejil de hoja plana bien picado
2 cucharadas de alcaparras
8-10 aceitunas negras, sin carozo, cortadas a lo largo
sal
2 cucharadas de pan rallado sin especias

PREPARACION

1 Poner a hervir 4 litros de agua en una olla grande. Agregar 1 cucharada de sal y echar la pasta toda de una vez, revolviendo hasta que quede sumergida por completo.
2 Colocar el aceite de oliva y las anchoas en una sartén grande, a fuego mediano y cocinar, revolviendo con una cuchara de madera, hasta que las anchoas se hayan desmenuzado.
3 Agregar el ajo y saltear hasta que comience a cambiar de color.
4 Incorporar el perejil, las alcaparras y las aceitunas, sazonar con un poco de sal y cocinar durante 1-2 minutos. Retirar del fuego y dejar a un costado.
5 Cuando la pasta esté cocida *al dente*, colar y mezclar con la salsa, agregando el pan rallado. Probar la sal y servir de inmediato.

También se puede servir con: *spaghettini*

Spaghetti al Cognac

Spaghetti con Tomates Frescos y Coñac

Este plato fue inventado por Alfredo, el famoso chef romano que creó los Fettuccine all'Alfredo. *Tradicionalmente, se come en Roma a las 4 de la madrugada.*

INGREDIENTES

Para 500g de *spaghetti*

90ml (6 cucharadas) de aceite de oliva extra virgen
175g de cebolla bien picada
30ml (2 cucharadas) de coñac
500g de tomates frescos y maduros, pelados, sin semillas y cortados en dados de 6mm
sal y pimienta negra molida en el momento

PREPARACION

1 Poner el aceite de oliva y la cebolla en una sartén grande, a fuego mediano, y cocinar hasta que la cebolla esté tierna y de un profundo color dorado.
2 Levantar el fuego entre mediano y fuerte y verter el coñac. Cocinar durante aproximadamente 30 segundos para que el alcohol se evapore, y agregar los tomates. Sazonar con sal y pimienta negra y cocinar, revolviendo cada tanto, hasta que los tomates se hayan reducido y separado del aceite: aproximadamente 10-20 minutos. Retirar del fuego y dejar a un costado.
3 Poner 4 litros de agua a hervir en una olla grande. Agregar 1 cucharada de sal y echar la pasta toda de una vez, revolviendo hasta que quede sumergida por completo.
4 Cuando la pasta esté cocida *al dente*, volver a colocar la sartén con la salsa a fuego lento, colar la pasta y agregar a la sartén. Mezclar sobre el fuego hasta que que quede bien cubierta por la salsa. Servir de inmediato, moliendo un poco de pimienta negra sobre cada porción servida.

También se puede servir con: *spaghettini, penne*

FETTUCCE

Cintas

TAGLIOLINI ALLA ROMAGNOLA

Tagliolini con Jamón

Este es un ejemplo clásico de lo simple que puede ser una buena comida italiana. Fideos al huevo caseros, jamón de buena calidad, queso parmesano y mantequilla son los únicos ingredientes que se necesitan para hacer este plato maravilloso. La única mejora posible sería el agregado de arvejas/chícharos frescos.

INGREDIENTES

Para *tagliolini* hechos con 3 huevos (ver página 36) o 500g de *tagliolini* al huevo secos comprados

150g de arvejas/chícharos frescos (opcional)
90g de manteca/mantequilla
125g de jamón*, cortado en tiras finas a partir de un trozo de 6mm de ancho*
60g de queso parmesano rallado

PREPARACION

1 Si se usan las arvejas, cocinarlas en agua hirviendo con sal hasta que estén tiernas. Colar y dejar a un costado.
2 Colocar 4 litros de agua en una olla grande a fuego fuerte.
3 Derretir la mantequilla en una sartén grande a fuego entre mediano y fuerte. Agregar el jamón y saltear hasta que esté ligeramente dorado: 2-3 minutos. Si se usan las arvejas, agregarlas en este momento y saltear durante cinco minutos más. Retirar del fuego y dejar a un costado.
4 Cuando el agua para la pasta esté hirviendo, y la salsa esté fuera del fuego, agregar al agua hirviendo 1 cucharada de sal y echar la pasta toda de una vez, revolviendo bien.
5 Cuando la pasta esté cocida *al dente*, colar y mezclar con la salsa, agregando el queso rallado. Servir de inmediato.

También se puede servir con: *fettuccine, tagliatelle*

FETTUCCINE ALLE ERBE E PANNA ROSA

Fetuccine con Hierbas, Tomates Frescos y Crema

Para esta receta, se necesitan hierbas frescas y tomates maduros de la mejor calidad.

INGREDIENTES

Para *fettuccine* hechos con 3 huevos (ver página 36) o 500g de *fettuccine* al huevo secos, comprados

60g de manteca/mantequilla
2 cucharaditas de albahaca fresca bien picada
1 cucharadita de romero fresco bien picado
1 cucharadita de salvia bien picada
1/2 cubito de caldo de carne
1kg de tomates frescos y maduros, pelados, sin semillas y cortados en dados de 6mm
sal y pimienta negra molida en el momento
120ml (8 cucharadas) de crema entera

PREPARACION

1 Colocar 4 litros de agua en una olla grande a fuego fuerte.
2 Derretir la mantequilla en una sartén grande a fuego mediano. Agregar todas las hierbas y el cubito de caldo y revolver con cucharada de madera hasta que el cubito se haya disuelto por completo: aproximadamente 1 minuto. Hay que tener cuidado de que la mantequilla no se queme.
3 Agregar los tomates, sazonar con sal y pimienta negra y cocinar hasta que se hayan reducido y separado de la manteca: 5-10 minutos.
4 Levantar a fuego entre moderado y fuerte y verter la crema. Cocinar, revolviendo con frecuencia, hasta que se haya reducido a la mitad. Retirar la sartén del fuego y dejar a un costado.
5 Cuando el agua para la pasta esté hirviendo, y la salsa esté fuera del fuego, agregar al agua hirviendo 1 cucharada de sal y echar la pasta toda de una vez, revolviendo bien.
6 Cuando la pasta esté cocida *al dente*, colar y mezclar con la salsa. Servir de inmediato.

También se puede servir con: *tagliatelle* (los *spaghetti* se aceptan sólo como último recurso)

FETTUCCINE ALLE ZUCCHINE E ZAFFERANO

Fettuccine con Zapallitos/Calabacitas y Crema de Azafrán

En esta elegante salsa, la crema toma el sabor del azafrán y de los zapallitos. Se adapta a la perfección a pastas caseras al huevo.

INGREDIENTES

Para *fettuccine* hechos con 3 huevos (ver página 36) o 500g de *fettuccine* al huevo secos, comprados

60g de manteca/mantequilla
100g de cebolla bien picada
700g de zapallitos/calabacitas/ahuyama, cortados en bastones de 4cm de largo y 6mm de ancho
sal y pimienta negra molida en el momento
250ml de crema entera
1/4 cucharadita de hebras de azafrán bien picadas
6 cucharadas de queso parmesano rallado

PREPARACION

1 Colocar 4 litros de agua en una olla grande a fuego fuerte.

2 Derretir la mantequilla en una sartén grande a fuego moderado. Agregar la cebolla y cocinar hasta que esté tierna y haya adquirido un profundo color dorado.

3 Levantar a fuego entre moderado y fuerte y agregar los zapallitos italianos. Cocinar hasta que estén tiernos y ligeramente dorados. Sazonar con sal y pimienta negra.

4 Verter la crema y rociar con el azafrán. Cocinar, revolviendo con frecuencia, hasta que la crema se haya reducido a la mitad. Retirar del fuego.

5 Cuando el agua para la pasta esté hirviendo, y la salsa fuera del fuego, agregar al agua hirviendo 1 cucharada de sal y echar la pasta toda de una vez, revolviendo bien.

6 Cuando la pasta esté cocida *al dente*, colar y mezclar con la salsa, agregando el queso rallado. Servir de inmediato.

También se puede servir con: *tagliatelle*

FETTUCCINE AL TONNO E PANNA ALLO ZAFFERANO

Fettuccine con Atún Fresco y Crema de Azafrán

El atún fresco se seca muy rápido si se lo cocina demasiado. Dorarlo apenas antes de agregar la crema para que no pierda la humedad.

INGREDIENTES

Para *fettuccine* hechas con 3 huevos (ver página 36) o 500g de *fettuccine* al huevo secas compradas

30g de manteca/mantequilla
1/2 cucharadita de ajo bien picado
250g de atún fresco cortado en trozos de 1 cm
sal y pimienta negra molida en el momento
250ml de crema entera
1/4 cucharadita de hebras de azafrán bien picadas
1 cucharada de perejil de hoja plana bien picado

PREPARACION

1 Colocar 4 litros de agua en una olla grande a fuego fuerte.
2 Derretir la mantequilla en una sartén grande a fuego entre moderado y fuerte. Agregar el ajo y cocinar hasta que empiece a chisporrotear.
3 Incorporar el atún y cocinar hasta que pierda el color a crudo: aproximadamente 2 minutos. Sazonar con sal y pimienta negra.
4 Verter la crema y rociar con el azafrán. Cocinar, revolviendo con frecuencia, hasta que la crema se haya reducido a la mitad. Incorporar el perejil y retirar la sartén del fuego.
5 Cuando el agua para la pasta esté hirviendo, y la salsa esté fuera del fuego, agregar al agua hirviendo 1 cucharada de sal y echar la pasta toda de una vez, revolviendo bien.
6 Cuando la pasta esté cocida *al dente*, volver a colocar la sartén a fuego lento, colar la pasta y mezclarla con la salsa. Servir de inmediato.

También puede servirse con: *tagliatelle*

FETTUCCINE ALLE VERDURE

Fettuccine con Salsa de Verduras y Pimientos Rojos Asados

Este es un plato ideal para vegetarianos preocupados por la salud. En lugar de crema, yo uso un puré de pimientos rojos asados que sirve para unir todos los ingredientes.

INGREDIENTES

Para *fettuccine* hechas con 3 huevos (ver página 36) o 500g de *fettuccine* al huevo secas, compradas

2 pimientos rojos
30g de manteca/mantequilla, ablandada a temperatura ambiente
sal y pimienta negra molida en el momento
60ml (4 cucharadas) de aceite de oliva extra virgen
1 cucharadita de ajo bien picado
1 berenjena grande, pelada y cortada en dados de 1 cm
350g de zapallitos/calabacitas/ahuyama, cortados en dados de 1 cm
1 pimiento amarillo, sin el centro ni las semillas, pelado y cortado en cuadrados de 1 cm
4 cucharadas de queso parmesano rallado

PREPARACION

1 Asar los pimientos rojos en el grill o sobre la llama hasta que la piel esté tostada por completo. Colocarlos en un recipiente que se cubre con película autoadherente. Después de unos 20 minutos, sacar los pimientos, quitarles el centro y raspar la piel y las semillas. Colocar en un procesador de alimentos los pimientos con la mantequilla, sazonar con sal y pimienta negra, y licuar hasta que tenga una consistencia cremosa. Retirar y dejar a un costado.
2 Colocar 4 litros de agua en una olla grande a fuego fuerte.
3 Poner el aceite de oliva y el ajo en una sartén grande a fuego moderado y cocinar hasta que el ajo empiece a chisporrotear.
4 Agregar la berenjena, los zapallitos italianos y el pimiento amarillo y revolver hasta que queden bien cubiertos con el aceite (no hay que preocuparse si la berenjena absorbe todo el aceite, lo soltará cuando esté cocida). Cubrir la sartén y cocinar hasta que las verduras estén tiernas: 10-15 minutos.
5 Agregar la salsa de pimientos rojos a las verduras. Retirar del fuego y dejar a un costado.
6 Cuando el agua para la pasta esté hirviendo, y la salsa esté fuera del fuego, agregar al agua hirviendo 1 cucharada de sal y echar la pasta toda de una vez, revolviendo bien.
7 Cuando la pasta esté cocida *al dente*, colar y mezclar con la salsa, agregando el queso rallado. Servir de inmediato.

También puede servirse con: *tagliatelle*

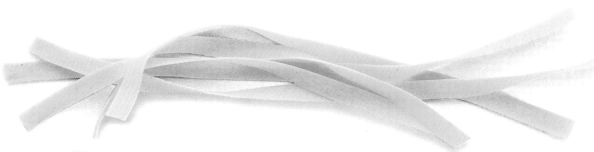

FETTUCCINE COI FICHI SECCHI

Fettuccine con Higos Secos

Esta es un receta para aventureros. No recomiendo servirla como plato principal, sino como una entrada, antes de pato asado, por ejemplo. En Roma, a veces se sirve un plato de spaghetti *con aceite y ajo al final de una comida. Las* fettuccine *con higos también pueden servir para un final perfecto. Alcanza para 6-8 personas.*

INGREDIENTES

Para *fettuccine* **hechas con 3 huevos (ver página 36) o 500g de** *fettuccine* **al huevo secas, compradas**

175g de higos secos
60g de manteca/mantequilla
15ml de grappa *o brandy*
250ml de crema entera
sal y pimienta negra molida en el momento
6 cucharadas de queso parmesano rallado

PREPARACION

1 Colocar los higos en un recipiente, cubrirlos con agua tibia y dejarlos remojar durante 30 minutos por lo menos. Escurrir, guardar el agua y cortar los higos en trozos de aproximadamente 3-6mm de tamaño.
2 Colocar 4 litros de agua en una olla grande a fuego fuerte.
3 Derretir la mantequilla en una sartén a fuego fuerte. Agregar los higos y cocinar durante 1-2 minutos.
4 Verter la *grappa* o el brandy y dejar que el alcohol se consuma (esto tardará 1 minuto aproximadamente). Agregar unos 60ml (4 cucharadas) del agua de los higos y cocinar hasta que se haya evaporado.
5 Agregar la crema, sazonar generosamente con sal y pimienta negra, y cocinar, revolviendo con frecuencia, hasta que la crema se haya reducido a la mitad. Retirar del fuego y dejar a un costado.
6 Cuando el agua para la pasta esté hirviendo, y la salsa esté fuera del fuego, agregar al agua hirviendo 1 cucharada de sal y echar la pasta toda de una vez, revolviendo bien.
7 Cuando la pasta esté cocida *al dente*, colar y mezclar con la salsa, agregando el queso rallado. Servir de inmediato.

FETTUCCINE AL GORGONZOLA

Fettuccine con Queso Gorgonzola

Esta es una salsa clásica de gorgonzola *que se encuentra en el norte de Italia. El* gorgonzola *que se necesita es* dolce, *del tipo cremoso, casi líquido, que se opone al más seco y duro. Si desea una variante interesante, pruebe mezclar al final un par de cucharadas de nueces/ piñones tostados.*

INGREDIENTES

Para *fettuccine* **hechas con 3 huevos (ver página 36) o 500g de** *fettuccine* **al huevo secas, compradas**

125g de gorgonzola dolce *italiano (ver nota introductoria)*
120ml (8 cucharadas) de leche entera
30g de manteca/mantequilla
sal
90ml (6 cucharadas) de crema entera
6 cucharadas de queso parmesano rallado

PREPARACION

1 Colocar 4 litros de agua en una olla grande a fuego fuerte.
2 Poner el *gorgonzola*, la leche, la mantequilla, y una pizca de sal en una sartén grande a fuego lento. Cocinar, partiendo el queso con una cuchara de madera hasta que se haya derretido por completo y formado una salsa cremosa y espesa.
3 Verter la crema y levantar a fuego entre mediano y fuerte. Cocinar, revolviendo con frecuencia, hasta que la crema se haya reducido a dos tercios de su volumen original (esto lleva de 3 a 5 minutos). Retirar del fuego y dejar a un costado.
4 Cuando el agua para la pasta esté hirviendo, y la salsa esté fuera del fuego, agregar 1 cucharada de sal al agua hirviendo y echar la pasta toda de una vez, revolviendo bien.
5 Cuando la pasta esté cocida *al dente*, colar y traspasar a la sartén con la salsa. Bajar a fuego lento y mezclar sobre el fuego la pasta y el queso rallado con la salsa durante unos 30 segundos. Servir de inmediato.

También se puede servir con: *spaghettini, spaghetti, garganelli, penne*

FETTUCCINE ALL'ARANCIO

Fettuccine con Naranja y Menta

Esta idea es original de Lori Vorst, un muy buen cocinero con quien he trabajado. Es poco usual, pero simple y refrescante.

INGREDIENTES

Para *fettuccine* hechas con 3 huevos (ver página 36) o 500g de *fettuccine* al huevo secas, compradas

90g de manteca/mantequilla
2 cucharaditas de ralladura de naranja
1 cucharadita de menta fresca cortada en tiras finas
sal y pimienta negra molida en el momento
120ml (8 cucharadas) de jugo de naranja exprimido
60g de queso parmesano rallado

PREPARACION

1 Colocar 4 litros de agua en una olla grande a fuego fuerte.
2 Derretir la mantequilla en una sartén grande a fuego entre mediano y fuerte. Incorporar la ralladura de naranja y la menta y sazonar con sal y pimienta negra.
3 Verter el jugo de naranja y cocinar hasta que se haya reducido a aproximadamente dos tercios de su volumen y se haya espesado un poco. Retirar del fuego.
4 Cuando el agua para la pasta esté hirviendo, y la salsa esté fuera del fuego, agregar al agua hirviendo 1 cucharada de sal y echar la pasta toda de una vez, revolviendo bien.
5 Cuando la pasta esté cocida *al dente*, colar y mezclar con la salsa, agregando el queso rallado. Servir de inmediato.

FETTUCCINE AL TARTUFO BIANCO

Fettuccine con Trufas Blancas

Si estuviera condenado a muerte y tuviera que elegir la última comida antes de mi ejecución, elegiría este plato, hecho con fettuccine amasadas a mano y con una generosa porción de trufas blancas italianas ralladas.

INGREDIENTES

Para *fettuccine* hechas con 3 huevos (ver página 36) preferentemente amasadas a mano

90g de manteca/mantequilla, cortada en cubos
4 cucharadas de queso parmesano rallado
60g, por lo menos, de trufas blancas frescas

PREPARACION

1 Poner a hervir 4 litros de agua en una olla grande. Agregar 1 1/2 cucharada de sal y echar la pasta toda de una vez, revolviendo bien.
2 Cuando la pasta esté cocida *al dente*, colar y colocar en una fuente para servir calentada. Incorporar la mantequilla y el queso rallado. Mezclar bien y servir de inmediato, rallando las trufas lo más delgadas que sea posible sobre cada plato, utilizando un instrumento para pelar o, si tiene, un rallador de trufas.

También se puede servir con: *tagliatelle*

Fettuccine all'arancio

FETTUCCINE AL PROSCIUTTO E ASPARAGI

Fettuccine con Jamón, Espárragos y Crema

INGREDIENTES

**Para *fettuccine* hechas con 3 huevos (ver página 36)
o 500g de *fettuccine* al huevo secas, compradas**

250g de espárragos
sal
45g de manteca/mantequilla
100g de cebolla bien picada
*125g de jamón, cortado en tiras finas a partir de un
trozo de 3mm de ancho*
250ml de crema entera
60g de queso parmesano rallado

PREPARACION

1 Recortar y pelar las partes verdes de los espárragos. Cocinar los espárragos enteros en agua hirviendo con sal hasta que estén tiernos.
2 Guardar 120ml (8 cucharadas) del agua de cocción. Cuando los espárragos estén suficientemente fríos como para tocar, cortarlos en trozos de 2 cm.
3 Colocar 4 litros de agua en una olla grande a fuego fuerte.
4 Derretir la manteca en una sartén a fuego mediano. Agregar la cebolla y cocinar hasta que esté tierna y de un profundo color dorado. Incorporar el jamón y saltear hasta que haya perdido el color a crudo.
5 Agregar los espárragos. Levantar a fuego entre mediano y fuerte y cocinar hasta que estén de color claro. Verter el agua de cocción y cocinar hasta que se haya evaporado.
6 Colocar la crema y cocinar hasta que se haya reducido a la mitad. Retirar del fuego y dejar a un costado.
7 Cuando el agua para la pasta esté hirviendo, y la salsa esté fuera del fuego, agregar 1 cucharada de sal al agua hirviendo y echar la pasta toda de una vez, revolviendo bien.
8 Cuando la pasta esté cocida *al dente*, colar y mezclar con la salsa, agregando el queso rallado. Servir de inmediato.

También puede servirse con: *penne, fusilli corti, garganelli*

FETTUCCINE AL LIMONE

Fettuccine con Limón

Este es un plato que hay que probar para poder creer. Cuando mi madre escribió esta receta en su tercer libro, no pudo siquiera imaginar cuánta gente se convertiría en su adicta. Esta receta es como la original, con algunos ajustes sin importancia.

INGREDIENTES

Para *fettuccine* hechas con 3 huevos (ver página 36) o 500g de *fettuccine* al huevo secas, compradas

45g de manteca/mantequilla
30ml de jugo de limón exprimido
1 cucharadita de ralladura de limón
250ml de crema entera
sal y pimienta negra molida en el momento
60g de queso parmesano rallado

PREPARACION

1 Poner 4 litros de agua en una olla grande a fuego fuerte.
2 Colocar la mantequilla, el jugo y la ralladura de limón en una sartén grande a fuego entre mediano y fuerte. Una vez que la mantequilla se haya derretido, dejar que el limón y la mantequilla hiervan durante unos 30 segundos.
3 Verter la crema. Sazonar con sal y pimienta negra y cocinar, revolviendo con frecuencia, hasta que la crema se haya reducido a la mitad. Retirar del fuego y dejar a un costado.
4 Cuando el agua para la pasta esté hirviendo, y la salsa esté fuera del fuego, agregar 1 cucharada de sal al agua hirviendo y echar la pasta toda de una vez, revolviendo bien.
5 Cuando la pasta esté cocida *al dente*, colar y pasar a la sartén con la salsa. Poner a fuego moderado y mezclar la pasta con la salsa y el queso rallado durante unos 15 segundos. Servir de inmediato.

TRENETTE AL PESTO DI NOCI

Trenette con Pesto de Nueces

El pesto de nueces, como el pesto de albahaca, es una especialidad de Liguria en la Riviera italiana. Va bien con fettuccine (conocidas en Liguria como trenette) y también se sirve tradicionalmente con pansoti, una pasta de forma triangular, rellena con cinco diferentes hierbas silvestres del lugar.

INGREDIENTES

Para *trenette (fettuccine)* hechas con 3 huevos (ver página 36) o 500g de *fettuccine* al huevo secas, compradas

250g de nueces sin cáscara
1 cucharadita de ajo bien picado
30ml (2 cucharadas) de aceite de oliva extra virgen
60g de ricota *entera*
sal
60ml (4 cucharadas) de crema entera
4 cucharadas de queso parmesano rallado

PREPARACION

1 Colocar 4 litros de agua en una olla grande a fuego fuerte.
2 Poner las nueces y el ajo en un procesador de alimentos o licuadora y picar lo más pequeño que sea posible. Verter el aceite de oliva y procesar hasta que estén bien mezclados. Agregar la *ricota*, sazonar con sal, y procesar una vez más.
3 Cuando el agua para la pasta esté hirviendo, agregar 1 cucharada de sal y echar la pasta toda de una vez, revolviendo bien.
5 Cuando la pasta esté cocida *al dente*, poner 30ml (2 cucharadas) del agua hirviendo en el recipiente para servir junto con la salsa de nuez. Colar la pasta y mezclarla con la salsa, agregando el queso rallado. Servir de inmediato.

También se puede servir con: *pansoti* (ver nota introductoria), *spaghetti*

I PIZZOCCHERI DELLA VALTELLINA

Fideos de Trigo Sarraceno con Fontina y Acelga

Los pizzoccheri *son fideos de trigo sarraceno, una especialidad de la región Valtellina en el norte de Italia. Se los puede encontrar en paquetes en negocios de comida especializados.*

INGREDIENTES

60g de manteca/mantequilla
4 dientes de ajo, ligeramente aplastados y pelados, pero enteros
3-4 hojas de salvia fresca
500g de pizzoccheri
250g de patatas, peladas y cortadas en rodajas de 6mm de ancho
sal
60g de pencas de acelga cortados en bastones de 2,5 cm de largo y 1 cm de ancho y 30g de hojas de acelga picadas, o si no se puede conseguir acelga, 60g de espinaca picada
125g de queso fontina, *cortado en tiras delgadas*
60g de queso parmesano rallado

PREPARACION

1 Calentar el horno a 200°C.

2 Derretir la mantequilla en una sartén pequeña a fuego entre moderado y fuerte. Agregar el ajo y la salvia y cocinar hasta que el ajo se haya dorado en todos sus lados. Retirar la sartén del fuego y dejar a un costado.

3 Colocar 4 litros de agua a hervir en una olla grande. Agregar 1 cucharada de sal, la pasta y las patatas y cocinar durante 8 minutos. Si se usan las pencas de acelga, agregarlas una vez que la pasta y las patatas se hayan cocinado durante 5 minutos.

4 Echar las hojas de acelga o de espinaca y cuando el agua vuelva a hervir, cocinar durante 1 minuto. Para este momento la pasta debe estar *al dente.*

5 Colar la pasta y las verduras y pasar a un recipiente para servir. Poner encima la manteca pasándola por un cedazo y agregar tres cuartos del fontina y la mitad del queso rallado. Mezclar bien y pasar a una fuente para hornear enmantecada. Cubrir con el resto de los dos quesos.

6 Cocinar en la parte superior del horno durante unos cinco minutos. Retirar y dejar reposar 2-3 minutos antes de servir.

TAGLIATELLE COI GAMBERI E ASPARAGI

Tagliatelle con Camarones y Espárragos

INGREDIENTES

Para *tagliatelle* hechas con 3 huevos (ver página 36) o 500g de *tagliatelle* al huevo, secas, compradas

350g de espárragos
60ml (4 cucharadas) de aceite de oliva extra virgen
1 cucharadita de ajo bien picado
350g de camarones medianos crudos, pelados, desnervados, si es necesario, y cortados en trozos de 1 cm
sal y pimienta negra molida en el momento
30g de manteca/mantequilla, a temperatura ambiente

PREPARACION

1 Recortar y pelar las porciones verdes de los espárragos. Cocinar los espárragos enteros en agua hirviendo con sal hasta que estén tiernos. Guardar el agua de cocción y, cuando los espárragos estén suficientemente fríos como para tocar, cortarlos en trozos de 2,5cm.

2 Colocar 4 litros de agua en una olla grande a fuego fuerte.

3 Poner el aceite de oliva y el ajo en una sartén grande a fuego entre mediano y fuerte y cocinar hasta que el ajo comience a chisporrotear.

4 Agregar los espárragos y cocinar, revolviendo con frecuencia, durante 2-3 minutos, o menos si el ajo comienza a oscurecerse. Verter 120ml (8 cucharadas) del agua de los espárragos y cocinar hasta que se haya reducido a la mitad.

5 Agregar los camarones, sazonar generosamente con pimienta negra y cocinar hasta que se vuelvan rosados: 2-3 minutos. La salsa debe estar un poco líquida; si es necesario, agregar más agua de la cocción de los espárragos. Probar la sal y retirar del fuego.

6 Cuando el agua para la pasta esté hirviendo, agregar 1 cucharada de sal y echar la pasta toda de una vez, revolviendo bien.

7 Cuando la pasta esté cocida *al dente*, colar y mezclar con la salsa y la mantequilla. Servir de inmediato.

TAGLIATELLE COI CECI

Tagliatelle con Garbanzos y Tomates

INGREDIENTES

Para *tagliatelle* hechas con 3 huevos (ver página 36) o 500g de *tagliatelle* al huevo, secas, compradas

90ml (6 cucharadas) de aceite de oliva extra virgen
100g de cebolla bien picada
1 cucharadita de ajo bien picado
250g de tomates en lata enteros y pelados, con su jugo, cortados en trozos grandes
1 cucharadita de romero fresco bien picado o 1/2 cucharadita de romero disecado
sal y pimienta negra molida en el momento
250g garbanzos en lata, sin jugo
4 cucharadas de queso parmesano rallado

PREPARACION

1 Poner el aceite de oliva y la cebolla en una sartén grande a fuego mediano y cocinar hasta que la cebolla esté tierna y de un profundo color dorado.

2 Agregar el ajo y seguir cocinando hasta que comience a cambiar de color.

3 Agregar los tomates y el romero, sazonar con sal y pimienta negra y cocinar hasta que los tomates se hayan reducido y separado del aceite: unos 10-20 minutos.

4 Colocar 4 litros de agua en una olla grande a fuego fuerte.

5 Agregar a la salsa de la sartén los garbanzos y cocinar otros cinco minutos. Con una espumadera, sacar aproximadamente la mitad de los garbanzos. Hacer con ellos un puré con un procesador de alimentos o con un tenedor y volver a colocarlos en la sartén. Cocinar otro minuto, revolviendo. Retirar del fuego y dejar a un costado.

6 Cuando el agua para la pasta esté hirviendo, agregar 1 cucharada de sal y echar la pasta toda de una vez, revolviendo bien.

7 Cuando la pasta esté cocida *al dente*, colar y mezclar con la salsa, agregando el queso rallado. Servir de inmediato.

También puede servirse con: *tonnarelli*

PAGLIA E FIENO COI PISELLI

Fettuccine Amarillas y Verdes con Arvejas/Chícharos, Jamón y Crema

Los fideos amarillos y verdes que se usan en este plato se llaman paglia e fieno, *que significa "paja y heno". En esta versión, las arvejas y el* jamón *generan un contraste de sabores dulces y salados.*

INGREDIENTES

Para *paglia e fieno* hechos con 3 huevos (ver página 36) o 500 g de *paglia e fieno* secos, comprados

350g de arvejas frescas o un paquete de 300g de arvejas pequeñas congeladas, descongeladas
60g de manteca/mantequilla
4 cucharadas de cebolla bien picada
125g de jamón, cortado en tiras finas a partir de un trozo de 6mm de ancho
sal y pimienta negra molida en el momento
250ml de crema entera
60g de queso parmesano rallado

PREPARACION

1 Si se usan arvejas frescas, cocinarlas en agua hirviendo con sal hasta que estén tiernas. Colar y dejar a un costado.
2 Colocar 4 litros de agua en una olla grande a fuego fuerte.
3 Derretir la mantequilla en una sartén grande a fuego entre mediano y fuerte. Agregar la cebolla y cocinar hasta que esté tierna y de un profundo color dorado. Agregar el jamón y seguir cocinando, revolviendo siempre, hasta que haya perdido el color a crudo: 1-2 minutos.
4 Levantar a fuego entre mediano y fuerte y agregar las arvejas frescas cocidas o descongeladas. Sazonar ligeramente con sal (recordando que el jamón es de por sí salado) y pimienta negra y cocinar, revolviendo cada tanto, durante 2-3 minutos.
5 Verter la crema y cocinar, revolviendo con frecuencia, hasta que se haya reducido a la mitad. Retirar la sartén del fuego y dejar a un costado.
6 Cuando el agua para la pasta esté hirviendo, y la salsa esté fuera del fuego, agregar 1 cucharada de sal al agua hirviendo y echar la pasta toda de una vez, revolviendo bien.
7 Cuando la pasta esté cocida *al dente*, colar y mezclar con la salsa, agregando el queso rallado. Probar la sal y servir de inmediato.

PAGLIA E FIENO AI FUNGHI

Fettuccine Amarillas y Verdes con Hongos, Jamón y Crema

Paglia e fieno *se sirve a veces con hongos en lugar de arvejas.*

INGREDIENTES

Para *paglia e fieno* hechos con 3 huevos (ver página 36) o 500 g de *paglia e fieno* secos, comprados

60g de manteca/mantequilla
4 cucharadas de cebolla bien picada
125g de jamón cocido, cortado en tiras finas a partir de un trozo de 6mm de ancho
350g de hongos blancos/champiñones frescos, limpios y cortados en dados de 1 cm
sal y pimienta negra molida en el momento
250ml de crema entera
60g de queso parmesano rallado

PREPARACION

1 Colocar 4 litros de agua en una olla grande a fuego fuerte.
2 Derretir la mantequilla en una sartén grande a fuego entre mediano y bajo. Agregar la cebolla y cocinar hasta que esté tierna y de un profundo color dorado. Agregar el jamón y seguir cocinando, revolviendo, hasta que esté de color claro: 1-2 minutos.
3 Levantar a fuego entre mediano y fuerte y agregar los hongos. Sazonar ligeramente con sal (recordar que el jamón es de por sí salado) y pimienta negra y cocinar, revolviendo cada tanto, hasta que toda el agua que sueltan los hongos se haya evaporado. Cocinar unos 4-5 minutos más después de alcanzar este punto.
4 Verter la crema y cocinar, revolviendo con frecuencia, hasta que se haya reducido a la mitad. Retirar del fuego y dejar a un costado.
5 Cuando el agua para la pasta esté hirviendo, y la salsa esté fuera del fuego, agregar 1 cucharada de sal al agua hirviendo y echar la pasta toda de una vez, revolviendo bien.
6 Cuando la pasta esté cocida *al dente*, colar y mezclar con la salsa, agregando el queso rallado. Probar la sal y servir de inmediato.

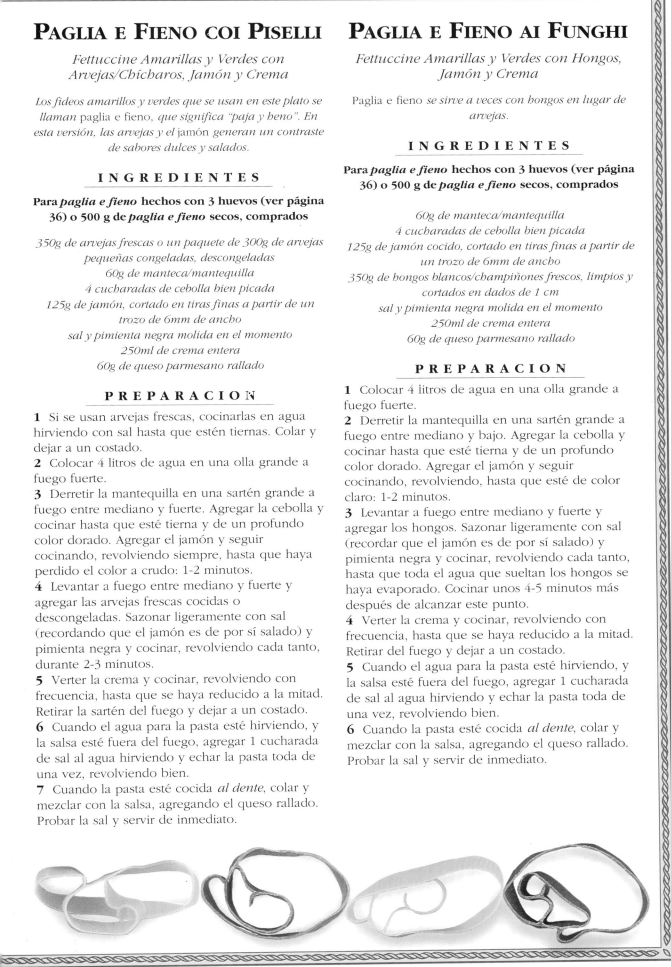

Pappardelle al coniglio
(pág. 103)

Tonnarelli al
radicchio e belga
(pág. 103)

Paglia e fieno coi piselli
(pág. 99)

PAPPARDELLE AL SUGO DI PICCIONE

Pappardelle con Perdiz

Siempre era una fiesta cuando mi madre hacía palomo a la cacerola para la familia. Yo he adaptado su receta para una salsa para pastas.

INGREDIENTES

Para *pappardelle* hechas con 3 huevos (ver página 36) o 500g de *pappardelle* al huevo secas, compradas

1kg de perdices (u otra ave de caza)
2 trozos finos de panceta/tocino
12 hojas de salvia fresca, 8 bien picadas y 4 enteras
45g de manteca/mantequilla
30ml (2 cucharadas) de aceite vegetal
sal y pimienta negra molida en el momento
120ml (8 cucharadas) de vino blanco seco
6 cucharadas de queso parmesano rallado

PREPARACION

1 Quitar los órganos de las cavidades de las aves y guardar los hígados. Lavar las perdices bajo el chorro de agua fría y secarlos con golpecitos ligeros. Poner un trozo de tocino, el hígado y 2 hojas de salvia entera dentro de cada una de las aves.
2 Poner un tercio de la mantequilla y todo el aceite vegetal en una sartén grande y profunda a fuego entre mediano y fuerte. Dejar que la mantequilla haga espuma y, cuando comience a derretirse, poner las aves y la salvia picada. Dorar las aves de ambos lados.
3 Sazonar con sal y pimienta negra. Verter el vino blanco y dejar que burbujee durante unos 30 segundos. Bajar el fuego y cubrir la sartén. Cocinar, dando vuelta las aves cada 15 minutos, hasta que estén bien tiernas: aproximadamente 1 hora.
4 Retirar las aves de la sartén y dejarlas enfriar. Quitar toda la carne de los huesos y cortarla en trozos que no excedan los 2 cm. Picar bien los hígados y *el tocino*.
5 Quitar todo exceso de grasa del líquido que quedó en la sartén y volver a colocar allí la carne, los hígados y el tocino. Cocinar a fuego entre mediano y fuerte hasta que la salsa se haya reducido y no esté más aguada. Retirar del fuego y dejar a un costado.

Se puede preparar la salsa con anticipación hasta este punto y refrigerar.

6 Poner a hervir 4 litros de agua en una olla grande. Agregar 1 cucharada de sal y echar la pasta toda de una vez, revolviendo bien.
7 Cuando la pasta esté cocida *al dente*, colar y mezclar con la salsa, el resto de la mantequilla y el queso rallado. Servir de inmediato.

PAPPARDELLE COI FEGATINI DI POLLO

Pappardelle con Hígados de Pollo

Este es un plato clásico de Toscana. Mi receta favorita es la que hace mi madre, a la que he hecho algunos cambios menores.

INGREDIENTES

Para *pappardelle* hechas con 3 huevos (ver página 36) o 500g de *pappardelle* al huevo secas, compradas

30ml (2 cucharadas) de aceite de oliva extra virgen
30g de manteca/mantequilla
2 cucharadas de cebolla bien picada
1/2 cucharadita de ajo bien picado
60g de panceta/tocino, cortado en dados pequeños
1 cucharadita de salvia fresca picada o 1/2 cucharadita de salvia disecada
125g de carne vacuna picada
250g de hígado de pollo, sin grasa y cortado en trozos de 1 cm aproximadamente
sal y pimienta negra molida en el momento
2 cucharaditas de puré de tomate
60ml (4 cucharadas) de vermouth blanco seco
6 cucharadas de queso parmesano rallado

PREPARACION

1 Poner el aceite de oliva, la mantequilla y la cebolla en una sartén a fuego moderado y saltar hasta que la cebolla comience a tomar color.
2 Incorporar el ajo y, después de unos 30 segundos, el tocino y la salvia. Cocinar hasta que el tocino comience a oscurecerse.
3 Agregar la carne picada y cocinar, separándola con una cuchara de madera, hasta que pierda su color a crudo.
4 Agregar el hígado de pollo, sazonar con sal y pimienta negra y cocinar durante unos minutos más hasta que hayan perdido el color a crudo.
5 Colocar 4 litros de agua en una olla grande a fuego fuerte.
6 Disolver el puré de tomate en el vermouth. Levantar el fuego de la sartén, poner el vermouth y cocinar, revolviendo con frecuencia, hasta que la mayor parte del líquido se haya evaporado: 5-10 minutos. Retirar del fuego.
7 Cuando el agua para la pasta esté hirviendo, y la salsa fuera del fuego, agregar 1 cucharada de sal al agua hirviendo y echar la pasta toda de una vez, revolviendo bien.
8 Cuando la pasta esté cocida *al dente*, colar y mezclar con la salsa, agregando el queso rallado. Servir de inmediato.

También puede servirse con: *tagliatelle*

PAPPARDELLE AL CONIGLIO

Pappardelle con conejo

Pappardelle con salsa de conejo es un clásico plato toscano. Cómo encontrar conejos salvajes puede resultar bastante difícil, adapté la receta para poder usar conejo común cuya carne es mucho más suave.

INGREDIENTES

Para *pappardelle* hechas con 3 huevos (ver página 36) o 500g de *pappardelle* al huevo secas, compradas

45ml (3 cucharadas) de aceite de oliva extra virgen
45g de manteca/mantequilla
4 cucharadas de cebolla bien picada
4 cucharadas de zanahoria cortada en dados pequeños
4 cucharadas de apio cortado en dados pequeños
350g de carne de conejo sin huesos, cortada en cubos de 1 cm como máximo
1 cucharadita de romero fresco picado, o 1/2 cucharadita de romero disecado
2 cucharadas de enebro
250ml de vino tinto seco
350g de tomates en lata enteros y pelados, con su jugo, cortados en trozos grandes
sal y pimienta negra molida en el momento
60g de queso parmesano rallado

PREPARACION

1 Poner el aceite de oliva, un tercio de la mantequilla y toda la cebolla en una sartén profunda, de fondo pesado, a fuego moderado y saltar hasta que la cebolla comience a adquirir un color dorado.
2 Agregar la zanahoria y el apio y cocinar hasta que comiencen a cambiar de color: 5-10 minutos.
3 Incorporar el conejo, el romero y el enebro y cocinar hasta que la carne se haya dorado un poco.
4 Levantar el fuego y verter el vino tinto. Después de unos dos minutos, cuando el alcohol se haya consumido, agregar los tomates y sazonar con sal y pimienta negra.
5 Cuando los tomates comiencen a hervir, reducir a fuego lento y cocinar hasta que el conejo esté bien tierno: por lo menos 1 hora. Si el líquido se evapora antes de que el conejo esté listo, agregar un poco de agua. Cuando esté hecho, retirar del fuego.

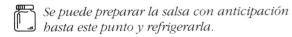 *Se puede preparar la salsa con anticipación hasta este punto y refrigerarla.*

6 Colocar 4 litros de agua a hervir en una olla grande. Agregar 1 cucharada de sal y echar la pasta toda de una vez, revolviendo bien.
7 Cuando la pasta esté cocida *al dente*, colar y mezclar con la salsa, el resto de la mantequilla y el queso rallado. Servir de inmediato.

También puede servirse con: *penne rigate, elicoidali, millerighe*

TONNARELLI AL RADICCHIO E BELGA

Tonnarelli con Rabanito y Achicoria/Endivia

En esta receta se utiliza aceite vegetal para impedir que la mantequilla se queme. El aceite de oliva se usa siempre que se quiere incrementar el sabor de un plato.

INGREDIENTES

Para *tonnarelli* hechos con 3 huevos (ver página 36) o 500g de *tonnarelli* al huevo, secos, comprados

15ml (1 cucharada) de aceite vegetal
30g de manteca/mantequilla
6 cucharadas de cebolla bien picada
125g de tocino ahumado, cortado en tiras finas a partir de un trozo de 1 cm de ancho
500g de rabanito rallado
500g de achicoria/endivia rallada
sal y pimienta negra molida en el momento
250ml de crema entera
1 cucharada de perejil de hoja plana bien picado
60g de queso parmesano rallado

PREPARACION

1 Poner el aceite vegetal, la mantequilla y la cebolla en una sartén (lo suficientemente grande como para que entren después el rabanito y la achicoria) a fuego moderado y saltear hasta que la cebolla esté tierna y de color dorado.
2 Agregar el tocino y cocinar hasta que esté bien dorado pero no tostado.
3 Agregar el rabanito y la achicoria, sazonar con sal y pimienta negra y revolver hasta que las verduras estén cubiertas con el aceite y la mantequilla. Bajar a fuego lento, cubrir la sartén y cocinar, revolviendo cada tanto, hasta que el rabanito y la achicoria se hayan desmenuzado por completo y tengan una consistencia casi cremosa: unos 15-20 minutos.
4 Colocar 4 litros de agua en una olla grande a fuego fuerte.
5 Quitar la tapa a la sartén, levantar a fuego entre mediano y fuerte, y dejar que el líquido que han soltado las verduras se consuma. Incorporar la crema y cocinar, revolviendo con frecuencia, hasta que se haya reducido a la mitad. Colocar el perejil y retirar del fuego.
6 Cuando el agua para la pasta esté hirviendo, y la salsa fuera del fuego, agregar 1 cucharada de sal al agua hirviendo y echar la pasta toda de una vez, revolviendo bien.
7 Cuando la pasta esté cocida *al dente*, volver a colocar la sartén a fuego lento, colar la pasta y mezclar con la salsa, agregando el queso rallado. Servir de inmediato.

También se puede servir con: *spaghetti, fusilli lunghi, penne*

TONNARELLI AI GAMBERI E FUNGHI

Tonnarelli con Camarones y Hongos

Esta salsa está inspirada en un plato que creó Del Pearl, uno de mis chefs. Los hongos/champiñones frescos y los camarones forman una combinación maravillosa, en especial cuando se les agrega hongos secos.

INGREDIENTES

Para *tonnarelli* hechos con 3 huevos (ver página 36) o 500g de *tonnarelli* al huevo secos, comprados

30g de hongos secos
90ml (6 cucharadas) de aceite de oliva extra virgen
90g de cebolla, cortada a lo largo en rodajas finas
350g de hongos blancos/champiñones frescos, cortados en rodajas finas
sal y pimienta negra molida en el momento
250g de tomates frescos y maduros, pelados, sin semillas y cortados en dados de 1 cm
350g de camarones medianos crudos, pelados, desnervados, si es necesario, y cortados en tercios
120ml (8 cucharadas) de crema entera

PREPARACION

1 Remojar los hongos secos en un recipiente con 250ml de agua tibia durante 20 minutos por lo menos. Sacarlos, escurrir el exceso de agua en el mismo recipiente, enjuagarlos bajo el chorro de agua fría y cortarlos en trozos grandes. Filtrar el agua donde se remojaron los hongos con un papel absorbente o un filtro de café y dejar a un costado.
2 Poner el aceite de oliva y la cebolla en una sartén grande, a fuego moderado y cocinar hasta que la cebolla esté tierna y de un profundo color dorado.
3 Agregar los hongos secos, con el agua filtrada, levantar a fuego entre mediano y fuerte y cocinar, revolviendo, hasta que casi toda el agua se haya evaporado. Agregar los hongos frescos, sazonar con sal y pimienta negra y cocinar, revolviendo, hasta que estén tiernos y el agua que sueltan se haya evaporado.
4 Colocar 4 litros de agua en una olla grande a fuego fuerte.
5 Poner los tomates en la sartén y cocinar durante 2 minutos. Incorporar los camarones, agregar la crema, y cocinar, revolviendo con frecuencia, hasta que se haya reducido a la mitad. Retirar la sartén del fuego.
6 Cuando el agua para la pasta esté hirviendo, y la salsa fuera del fuego, agregar 1 cucharada de sal al agua hirviendo y echar la pasta toda de una vez, revolviendo bien.
7 Cuando la pasta esté cocida *al dente*, colar y mezclar con la salsa. Servir de inmediato.

También puede servirse con: *spaghetti, fusilli lunghi*

Hongos secos

Aceite de oliva extra virgen

Cebolla

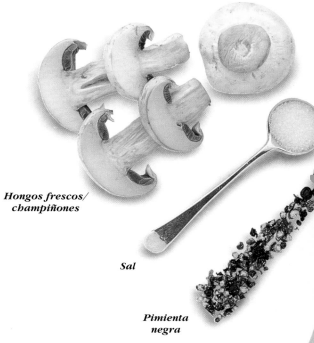

Hongos frescos/ champiñones

Sal

Pimienta negra

Tonnarelli ai gamberi e funghi

Tomates

Camarones

Crema entera

Tonnarelli

TONNARELLI AL SUGO DI CIPOLLE

Tonnarelli con Cebollas, Anchoas y Alcaparras

La modesta cebolla se convierte en una suculenta salsa con la ayuda de una cocción lenta. Las anchoas apenas se pueden detectar.

INGREDIENTES

Para *tonnarelli* hechos con 3 huevos (ver página 36) o 500g de *tonnarelli* al huevo secos, comprados

120ml (8 cucharadas) de aceite de oliva extra virgen
6-8 filetes de anchoas picados
700g de cebolla bien picada
sal y pimienta negra molida en el momento
60ml (4 cucharadas) de vino blanco seco
3 cucharadas de alcaparras
2 cucharadas de perejil bien picado

PREPARACION

1 Poner el aceite de oliva y las anchoas en una sartén grande a fuego entre mediano y bajo y revolver con cuchara de madera hasta que las anchoas se hayan desmenuzado.
2 Agregar las cebollas, sazonar con un poco de sal y pimienta negra y cocinar hasta que las cebollas se ablanden y estén muy tiernas: unos 20-30 minutos.
3 Colocar 4 litros de agua en una olla grande a fuego fuerte.
4 Levantar el fuego de la sartén entre mediano y fuerte y cocinar, revolviendo, hasta que las cebollas adquieran un profundo color dorado.
5 Verter el vino y cocinar hasta que la mayor parte del líquido se haya evaporado. Agregar las alcaparras y el perejil y cocinar 2 minutos más. Retirar del fuego.
6 Cuando el agua para la pasta esté hirviendo, y la salsa fuera del fuego, agregar 1 cucharada de sal al agua hirviendo y echar la pasta toda de una vez, revolviendo bien.
7 Cuando la pasta esté cocida *al dente*, colar y mezclar con la salsa. Servir de inmediato.

También se puede servir con: *spaghetti, spaghettini, fusilli lunghi*

TONNARELLI AL MELONE

Tonnarelli con Melón

Aunque pasta con melón pueda parecer una combinación un poco rara, estoy seguro de que se sorprenderá con el resultado. Esta es una receta que mis padres y yo descubrimos en un restaurante de Venecia, propiedad de un chef muy joven, talentoso y creativo, llamado Silvano. La que sigue es una variante de la receta de mi madre, que se basa en la que le dio Silvano.

INGREDIENTES

Para *tonnarelli* hechos con 3 huevos (ver página 36) o 500g de *tonnarelli* al huevo secos, comprados

60g de manteca/mantequilla
1 melón tipo cantaloupe de tamaño mediano, sin la cáscara ni las semillas, y con la pulpa cortada en dados de 6 mm
sal y pimienta negra molida en el momento
15ml (1 cucharada) de jugo de limón exprimido
1 cucharadita de puré de tomates
250ml de crema entera
60g de queso parmesano rallado

PREPARACION

1 Colocar 4 litros de agua en una olla grande a fuego fuerte.
2 Derretir la mantequilla en una sartén grande a fuego entre mediano y fuerte. Cuando comience a desaparecer la espuma de la mantequilla, incorporar el melón, cubriéndolo bien, y cocinar, revolviendo cada tanto, hasta que casi todo el líquido que suelta se haya evaporado.
3 Sazonar generosamente con sal y pimienta negra y agregar el jugo de limón y el puré de tomate. Incorporar la crema y cocinar, revolviendo con frecuencia, hasta que se haya reducido a la mitad. Retirar del fuego.
4 Cuando el agua para la pasta esté hirviendo, y la salsa fuera del fuego, agregar 1 cucharada de sal al agua hirviendo y echar la pasta toda de una vez, revolviendo bien.
5 Cuando la pasta esté cocida *al dente*, colar y mezclar con la salsa, agregando el queso rallado. Servir de inmediato.

También se puede servir con: *spaghetti* (pero reducir la crema a 180ml)

TONNARELLI AL GRANCHIO E RUCOLA

Tonnarelli con Cangrejo/Centolla y Rúcula

Esta es una receta que descubrí en Positano, al sur de Italia y que probé en casa, con gran éxito, usando cangrejo de la costa norteamericana del Pacífico. Otros tipos de cangrejo/centolla también pueden servir siempre que sean carnosos y de sabor dulce.

INGREDIENTES

Para *tonnarelli* hechos con 3 huevos (ver página 36) o 500g de *tonnarelli* al huevo secos, comprados

120ml (8 cucharadas) de aceite de oliva extra virgen
1 cucharadita de ajo bien picado
1/4 cucharadita (o más) de ají/chile molido
500g de tomates frescos y maduros, pelados, sin semillas y cortados en dados de 1 cm
125g de rúcula, lavada, sin los tallos largos, y rallada gruesa
sal
250g de carne de cangrejo/centolla cocida

PREPARACION

1 Colocar 4 litros de agua en una olla grande, a fuego fuerte.
2 Poner el aceite de oliva, el ajo y el ají molido en una sartén grande, a fuego entre mediano y fuerte y cocinar hasta que el ajo comience a cambiar de color.
3 Agregar los tomates y cocinar durante 5 minutos hasta que empiecen a deshacerse y el aceite tome un color rojizo. Esto debe suceder rápido y los tomates no deben pasar por el proceso habitual de liberar agua y cocinar hasta que se haya reducido. Hay que poner el fuego más fuerte pero con cuidado para que no se queme la preparación.
4 Agregar la rúcula, sazonar con sal y agregar unos 30ml (2 cucharadas) de agua. Cocinar hasta que la rúcula se haya desmenuzado por completo: 2-3 minutos.
5 Cuando el agua para la pasta esté hirviendo, agregar 1 cucharada de sal y echar la pasta toda de una vez, revolviendo bien.
6 Agregar el cangrejo a la salsa y cocinar, revolviendo, durante 1 minuto aproximadamente. Retirar del fuego.
7 Cuando la pasta esté cocida *al dente*, colar y mezclar con la salsa. Si parece demasiado seca, aligerar con un poco de aceite de oliva. Servir de inmediato.

También se puede servir con: *spaghetti, fusilli lunghi*

TONNARELLI AI CANESTRELLI

Tonnarelli con Ostiones

Entre las recetas de mi madre, esta es una de mis favoritas, y mi versión tiene sólo unas pequeñas variantes respecto de la de ella. Su preparación requiere muy poco tiempo y es un ejemplo perfecto de la aproximación simple y directa al sabor de los principales ingredientes que tienen los italianos. El pan rallado agrega textura y absorbe parte del aceite de oliva, lo que ayuda a que la salsa se adhiera a la pasta.

INGREDIENTES

Para *tonnarelli* hechos con 3 huevos (ver página 36) o 500g de *tonnarelli* al huevo secos, comprados

150ml (10 cucharadas) de aceite de oliva extra virgen
2 cucharaditas de ajo bien picado
1/4 cucharadita (o más) de ají/chile molido
2 cucharadas de perejil de hoja plana bien picado
500g de ostiones pequeños, sin conchilla o coral; 125g deben estar bien picados
sal
4 cucharadas de pan rallado sin aderezar

PREPARACION

1 Colocar 4 litros de agua en una olla grande a fuego fuerte.
2 Poner todo el aceite de oliva menos 30ml (2 cucharadas) y todo el ajo y el ají molido en una sartén a fuego entre mediano y fuerte y cocinar hasta que el ajo comience a cambiar de color.
3 Agregar el perejil y revolver bien. Agregar los ostiones enteros, sazonar con sal y cocinar, revolviendo, hasta que pierdan su transparencia: 3-5 minutos. Agregar los ostiones picados y cocinar, revolviendo, un minuto más. Retirar del fuego.
4 Cuando el agua para la pasta esté hirviendo, y la salsa fuera del fuego, agregar 1 cucharada de sal al agua hirviendo y echar la pasta toda de una vez, revolviendo bien.
5 Cuando la pasta esté cocida *al dente*, colar y mezclar con la salsa, el pan rallado y el resto del aceite de oliva. Probar la sal y el picante y servir de inmediato.

También se puede servir con: *spaghettini, spaghetti* (pero usar sólo 90ml (6 cucharadas) de aceite de oliva en el paso 2)

TUBI

Tubos

PENNE AL CAVOLFIORE E PANNA

Penne con Coliflor, Tomates y Crema

INGREDIENTES

Para 500g de penne

350g de coliflor, sin hojas y tallos
60g de manteca/mantequilla
60g de cebolla bien picada
1/4 cucharadita de ají/chile molido
sal
500g de tomates frescos y maduros, pelados, sin semillas
y cortados en dados de 1 cm
180ml de crema entera
60g de queso parmesano rallado

PREPARACION

1 Cocinar la coliflor en abundante agua hirviendo sin sal hasta que esté tierna. Cuando esté lo suficientemente fría como para tocar, cortarla en trozos de 2 cm.
2 Colocar 4 litros de agua en una olla grande a fuego fuerte.
3 Derretir la mantequilla en una sartén grande, a fuego mediano. Agregar la cebolla y cocinar hasta que esté blanda y de un profundo color dorado.
4 Agregar el ají molido y la coliflor y sazonar generosamente con sal. Saltear hasta que la coliflor tome un ligero color oscuro: 8-10 minutos. Incorporar los tomates y cocinar durante 1 minuto.
5 Cuando el agua para la pasta esté hirviendo, agregar 1 cucharada de sal y echar la pasta toda de una vez, revolviendo bien.
6 Verter la crema en la salsa y cocinar hasta que se haya reducido a aproximadamente la mitad.
7 Cuando la pasta esté cocida *al dente*, colar y mezclar con la salsa, agregando el queso rallado. Probar la sal y servir de inmediato.

También puede servirse con: *orecchiette, fusilli corti, gnocchi, lumache*

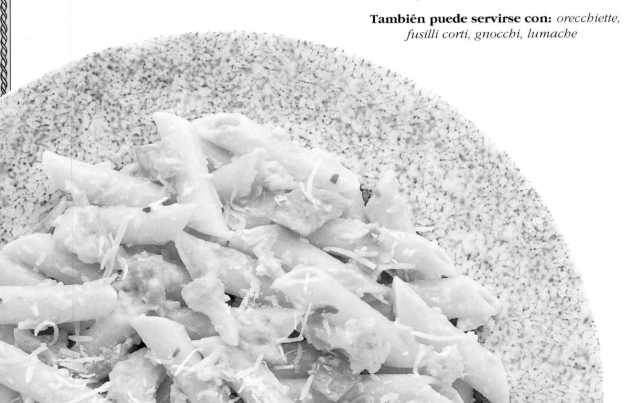

Denti d'Elefante ai Peperoni e Biete

Denti d'Elefante con Pimientos y Acelga

INGREDIENTES

Para 500g de *denti d'elefante*

45ml (3 cucharadas) de aceite de oliva extra virgen
4 dientes de ajo, ligeramente aplastados y pelados, pero enteros
2 pimientos rojos, sin el centro, las semillas ni la piel, y cortados en cuadrados de 2 cm
250g de hojas de acelga o (si no hay acelga) de espinaca, cortadas en trozos grandes
sal y pimienta negra molida en el momento
30g de manteca/mantequilla
30ml (2 cucharadas) de vinagre de vino tinto
6 cucharadas de queso parmesano rallado

PREPARACION

1 Poner el aceite de oliva y el ajo en una sartén grande, a fuego fuerte, y cocinar hasta que los dientes se hayan dorado de todos los costados.
2 Retirar el ajo. Agregar los pimientos y cocinar, revolviendo con frecuencia, hasta que estén ligeramente dorados.
3 Reducir a fuego mediano y agregar la acelga o la espinaca y 30ml (2 cucharadas) de agua. Sazonar con sal y pimienta negra y cocinar hasta que las verduras estén tiernas. Retirar del fuego.
4 Mientras tanto, poner a hervir 4 litros de agua en una olla grande, a fuego fuerte. Agregar 1 cucharada de sal y echar la pasta toda de una vez, revolviendo bien.
5 Cuando la pasta esté casi hecha, volver a colocar la sartén con la salsa a fuego lento y añadir la mantequilla. Una vez que la pasta esté cocida *al dente*, colar y mezclar con la salsa en la sartén, agregando el vinagre y el queso rallado. Servir de inmediato.

También se puede servir con: *fusilli corti, penne*

Cavatappi alla Boscaiola

Cavatappi con Hongos Silvestres y Tomates

Boscaiola *significa "al estilo leñador" y este plato evocará la sensación de caminar por el bosque en otoño. Si tiene hongos (Boletus edulis) frescos, úselos en lugar de hongos blancos, y no tenga en cuenta los pasos 1 y 3. Si no encuentra hongos frescos, los hongos secos dotarán a los hongos cultivados del sabor de los silvestres.*

INGREDIENTES

Para 500g de *cavatappi*

30g de hongos secos
60ml (4 cucharadas) de aceite de oliva extra virgen
1 cucharadita de ajo bien picado
1 cucharada de perejil de hoja plana bien picado
350g de hongos blancos/champiñones frescos, cortados en dados de 1 cm
250g tomates en lata enteros y pelados, con su jugo, cortados en trozos grandes
sal y pimienta negra molida en el momento
30g de manteca/mantequilla
6 cucharadas de queso parmesano rallado

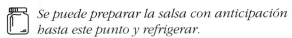

Perejil de hoja plana

PREPARACION

1 Remojar los hongos secos en un recipiente con 250ml de agua tibia durante 20 minutos, por lo menos. Sacarlos, escurrir el exceso de agua en el mismo recipiente, enjuagarlos bajo el chorro de agua fría y cortarlos en trozos grandes. Filtrar el agua en que estuvieron sumergidos con un papel absorbente o un filtro de café y dejar a un costado.
2 Poner el aceite de oliva y el ajo en una sartén grande, a fuego entre mediano y fuerte, y cocinar hasta que el ajo comience a cambiar de color, luego incorporar el perejil.
3 Agregar los hongos con el agua filtrada y cocinar hasta que el agua se haya evaporado.
4 Incorporar los hongos frescos y cocinar hasta que toda el agua que sueltan se haya evaporado.
5 Agregar los tomates, sazonar con sal y pimienta negra y cocinar hasta que se hayan reducido y separado del aceite. Retirar del fuego.

Se puede preparar la salsa con anticipación hasta este punto y refrigerar.

6 Poner a hervir 4 litros de agua en una olla grande a fuego fuerte. Agregar 1 cucharada de sal y echar la pasta toda de una vez, revolviendo bien.
7 Cuando la pasta esté casi hecha, volver a colocar la salsa a fuego entre mediano y fuerte. Una vez que la pasta esté cocida *al dente*, colar y mezclar con la salsa, agregando la mantequilla y el queso rallado. Servir de inmediato.

También se puede servir con: *maccheroni, fusilli lunghi, penne*

Ajo

Aceite de oliva extra virgen

Hongos secos

Hongos/
champiñones frescos

Tomates
en lata

Sal

Pimienta
negra

Manteca/
mantequilla

Queso
parmesano

Cavatappi

Cavatappi
alla boscaiola

ELICOIDALI AL POLLO

Elicoidali con Pollo Salteado y Tomates

Nunca he sido muy fanático del pollo con pasta porque siempre me pareció demasiado soso en sabor y textura. Sin embargo, los clientes piden con frecuencia salsas de pollo. Quise crear una buena, y expuse el problema a mi madre. Ella me sugirió dorar un pollo con tomates, luego retirar la carne del hueso y volverlo a cocinar en el tomate y sus propios jugos hasta convertirlo en una salsa. Lo probé y, con una pequeña cantidad de ají molido, surgió un plato que demostró ser muy exitoso y popular.

INGREDIENTES

Para 500g de *elicoidali*

45g de manteca/mantequilla
30ml (2 cucharadas) de aceite vegetal
6 dientes de ajo, ligeramente aplastados y pelados, pero enteros
2 ramitas de romero fresco o 1 cucharadita de romero disecado picado
1 kg de patas, muslos y alas de pollo
120ml de vino blanco seco
500g de tomates en lata enteros y pelados, con su jugo, cortados en trozos grandes
1/4 cucharadita de ají/chile molido
sal
6 cucharadas de queso parmesano rallado

PREPARACION

1 Colocar 15g de mantequilla y todo el aceite vegetal, el ajo y el romero en una cacerola (lo suficientemente grande como para que entren las presas de pollo sin que se superpongan demasiado), a fuego entre mediano y fuerte. Cocinar hasta que los dientes de ajo se hayan dorado.

2 Retirar el ajo. Colocar las presas de pollo, con la piel hacia abajo. Dorarlos de todos los lados (esto es más fácil si no se satura la capacidad de la cacerola, de modo que, si es necesario, hay que cocinar el pollo en dos tandas). Cuando esté hecho, pasar a un plato caliente.

3 Retirar el romero (si se usan ramitas frescas) y volver a poner todo el pollo en la cacerola. Levantar a fuego fuerte, verter el vino blanco y dejar que burbujee durante 1 minuto aproximadamente, para que el alcohol se evapore.

4 Agregar los tomates y el ají molido y sazonar con sal. Cuando los tomates comiencen a hervir, bajar a fuego lento y tapar la cacerola dejando una rendija. Cocinar, dando vuelta el pollo cada tanto y agregando un poco de agua, si se necesita más líquido, hasta que la carne esté bien tierna y casi se separe del hueso: 45 minutos a 1 hora. Cocinarlo un poco más no va a hacerle mal. Tampoco que quede demasiado líquido al final.

5 Sacar las presas de pollo y dejar que se enfríen. Cuando estén lo suficientemente frías como para tocar, quitar la carne del hueso, desmenuzándola en trozos pequeños, quitando la grasa y la piel. Retirar la grasa de la salsa y volver a colocar la carne trozada.

 Se puede preparar la salsa con anticipación hasta este punto y refrigerar.

6 Poner a hervir 4 litros de agua en una olla grande a fuego fuerte, agregar 1 cucharada de sal y echar la pasta toda de una vez, revolviendo bien.

7 Recalentar la salsa a fuego entre mediano y bajo. Si la salsa fue preparada con anticipación, el pollo puede haber absorbido todo el líquido y estar demasiado seca. Agregar un poco de caldo de pollo o agua para humedecerla. Si, por el contrario, tiene demasiado líquido, levantar el fuego y dejar que se reduzca.

8 Cuando la pasta esté cocida *al dente*, colar y mezclar con la salsa, agregando el queso rallado. Probar la sal y servir de inmediato.

También se puede servir con: *penne, rigatoni, lumache, pappardelle*

**Maccheroni alla
salsiccia e ricotta
(pág. 117)**

FORME SPECIALI
Formas Especiales

FUSILLI CORTI ALLE ZUCCHINE

Fusilli con Zapallitos/Calabacitas/Ahuyama

INGREDIENTES

Para 500g de *fusilli*

90ml de aceite de oliva extra virgen
125g de cebolla cortada en rodajas finas
1 cucharadita de ajo bien picado
1 cucharadita de perejil de hoja plana bien picado
500g de zapallitos/calabacitas/ahuyama, pelados y
cortados en bastones de 4cm de largo y 6mm de ancho
2 cucharadas de albahaca fresca cortada en tiritas
1 cucharadita de menta fresca bien picada
sal y pimienta negra molida en el momento
4 cucharadas de queso pecorino romano rallado

PREPARACION

1 Poner el aceite de oliva y la cebolla en una
sartén grande a fuego entre moderado y lento.
Cocinar, revolviendo cada tanto, hasta que la
cebolla esté tierna y de un profundo color dorado.
2 Poner 4 litros de agua en una olla grande a
fuego fuerte.
3 Levantar el fuego de la sartén y agregar el ajo.
Cocinar, revolviendo con frecuencia, durante 1
minuto aproximadamente. Agregar entonces el
perejil y los zapallitos y revolver bien. Cocinar,
revolviendo cada tanto, hasta que los zapallitos
estén tiernos y un poco dorados: 5-10 minutos.
4 Incorporar la albahaca y la menta y sazonar con
sal y pimienta negra. Retirar la sartén del fuego y
dejar a un costado.
5 Cuando el agua para la pasta esté hirviendo,
agregar 1 cucharada de sal y echar la pasta toda
de una vez, revolviendo bien.
6 Cuando la pasta esté cocida *al dente*, colar y
mezclar con la salsa, agregando el queso rallado.
Servir de inmediato.

También puede servirse con: *fusilli lunghi,*
eliche

ORECCHIETTE AL CAVOLFIORE

Orecchiette con Coliflor y Tocino

INGREDIENTES

Para 500g de *orecchiette*

500g de coliflor, sin hojas ni tallos
60ml (4 cucharadas) de aceite de oliva extra virgen
1 cucharadita de ajo bien picado
90g de panceta/tocino, cortado en tiras finas a partir de
un trozo de 6mm de ancho
sal y pimienta negra molida en el momento
4 cucharadas de queso pecorino romano rallado

PREPARACION

1 Cocinar la coliflor en abundante agua hirviendo
sin sal durante 6-8 minutos o hasta que esté tierna.
Cuando esté fría, cortar en trozos de 1 cm.
2 Poner 4 litros de agua en una olla grande a
fuego fuerte.
3 Poner el aceite de oliva y el ajo en una sartén
grande a fuego entre moderado y fuerte. Cuando
el ajo comience a chisporrotear, agregar el tocino
y saltear hasta que esté dorada pero no tostada.
4 Bajar a fuego moderado e incorporar la coliflor.
Sazonar con sal y pimienta negra y cocinar,
revolviendo cada tanto, hasta que la coliflor esté
ligeramente dorada: 8-10 minutos. Retirar la sartén
del fuego y dejar a un costado.
5 Cuando el agua para la pasta esté hirviendo,
agregar 1 cucharada de sal y echar la pasta toda
de una vez, revolviendo bien.
6 Cuando la pasta esté cocida *al dente*, colar y
mezclar con la salsa, agregando el queso rallado.
Servir de inmediato.

También se puede servir con: *fusilli corti,*
strozzapreti

FARFALLE AL SALMONE

Moñitos/Corbatitas con Salmón Fresco

El salmón no se usa comúnmente en Italia sino en la costa noroeste de los Estados Unidos, donde es abundante y de muy buena calidad. Para aprovechar este popular pescado, ideé la siguiente receta, que ha tenido mucho éxito siempre que la he servido.

INGREDIENTES

Para 500g de *farfalle*

60ml (4 cucharadas) de aceite de oliva extra virgen
1 cucharadita de ajo bien picado
1/4 cucharadita de ají/chile molido
500g de tomates en lata enteros y pelados, con su jugo, cortados en trozos grandes
sal
250g de salmón fresco sin espinas, cortado en dados de 1 cm
250ml de crema entera
2 cucharadas de albahaca fresca cortada en tiritas

PREPARACION

1 Poner el aceite de oliva, el ajo y el ají molido en una sartén grande a fuego entre moderado y fuerte y cocinar hasta que el ajo comience a cambiar de color.

2 Agregar los tomates y sazonar con sal. Cuando los tomates comiencen a hervir, bajar a fuego entre moderado y lento y cocinar hasta que los tomates se hayan reducido y separado del aceite: unos 20 minutos. Retirar del fuego y dejar a un costado.

Se puede preparar la salsa con anticipación hasta este punto y refrigerar o inclusive congelar.

3 Poner a hervir 4 litros de agua en una olla grande. Agregar 1 cucharada de sal y echar la pasta toda de una vez, revolviendo bien.

4 Regresar la sartén con la salsa de tomate al fuego entre moderado y fuerte y agregar el salmón, la crema y una pizca de sal. Cocinar hasta que la crema se haya reducido a la mitad. Incorporar la albahaca y retirar del fuego.

5 Cuando la pasta esté cocida *al dente*, colar y mezclar con la salsa, agregando el queso rallado. Probar la sal y las especias y servir de inmediato.

También se puede servir con: *penne*

FARFALLE AL SALMONE AFFUMICATO

Moñitos/Corbatitas con Salmón Ahumado y Pimientos Rojos Asados

Para esta receta se necesita un pescado ahumado que se pueda descamar. Si no consigue filetes gruesos de salmón ahumado que se puedan descamar, use filetes de trucha ahumada.

INGREDIENTES

Para 500g de *farfalle*

2 pimientos rojos
2 dientes de ajo pelados
250g de filetes de salmón/trucha ahumados que se puedan descamar
250ml de crema entera
sal y pimienta negra molida en el momento
2 cucharadas de albahaca fresca cortada en tiritas

PREPARACION

1 Asar los pimientos en el grill o sobre la llama hasta que toda la piel esté tostada. Colocarlos en un recipiente que se cubre con película autoadherente. Después de unos 20 minutos, sacar los pimientos, cortarlos al medio, quitarles el centro y raspar la piel y las semillas. Colocar los pimientos y el ajo en un procesador de alimentos o licuadora y licuar hasta que queden cremosos. Retirar y dejar a un costado.

2 Poner a hervir 4 litros de agua en una olla grande. Agregar 1 cucharada de sal y echar la pasta toda de una vez, revolviendo bien.

3 Descamar el pescado ahumado con un tenedor. Poner el pescado, el puré de pimientos y la crema en una sartén grande a fuego entre moderado y fuerte. Sazonar con sal (recordar que el pescado de por sí es salado) y pimienta negra y cocinar hasta que la crema se haya reducido a la mitad. Incorporar la albahaca y retirar del fuego.

4 Cuando la pasta esté cocida *al dente*, colar y mezclar con la salsa, agregando el queso rallado. Probar la sal y la pimienta y servir de inmediato.

También puede servirse con: *penne, fusilli corti, conchiglie*

FUSILLI CORTI
ALLA CAMPAGNOLA

*Fusilli con Berenjena, Zapallitos/ Calabacitas/
Ahuyama y Pimientos*

INGREDIENTES

Para 500g de *fusilli*

*120ml (8 cucharadas) de aceite de oliva extra virgen
100g de cebolla cortada en rodajas finas
1 cucharadita de ajo bien picado
125g de berenjena pelada y cortada en dados
125g de zapallitos/calabacitas/ahuyama cortados en
dados
1 pimiento rojo, o 1/2 rojo y 1/2 amarillo, sin el centro ni
las semillas, pelado y cortado en cuadrados de 2,5 cm
sal
1 pizca de ají/chile molido
250g de tomates maduros y frescos, pelados, sin semillas y
cortados en dados de 1 cm, o 125g de tomates en lata
enteros y pelados, con su jugo, cortados en trozos grandes*

PREPARACION

1 Poner el aceite de oliva y la cebolla en una
sartén grande a fuego moderado y cocinar hasta
que la cebolla esté tierna y de un profundo color
dorado.

2 Incorporar el ajo, cocinar 1 minuto y agregar la
berenjena (no hay que preocuparse si la berenjena
absorbe todo el aceite, lo soltará cuando se
cocine). Cubrir la sartén y cocinar durante 5
minutos.

3 Poner 4 litros de agua en una olla grande a
fuego fuerte.

4 Destapar la sartén y agregar a la berenjena el
zapallito y los pimientos. Sazonar con sal y
agregar el ají molido. Cocinar, revolviendo con
frecuencia, hasta que las verduras comiencen a
tiernizarse: unos 5 minutos.

5 Cuando el agua para la pasta esté hirviendo,
agregar 1 cucharada de sal y echar la pasta toda
de una vez, revolviendo bien.

6 Mientras tanto, agregar a la salsa los tomates y
seguir cocinando hasta que se hayan reducido y
separado del aceite: unos 5 minutos. Retirar del
fuego y dejar a un costado.

7 Cuando la pasta esté cocida *al dente*, colar y
mezclar con la salsa, agregando el queso rallado.
Probar la sal y servir de inmediato.

También se puede servir con: *penne rigate,
rigatoni, elicoidali, millerighe, fusilli lunghi*

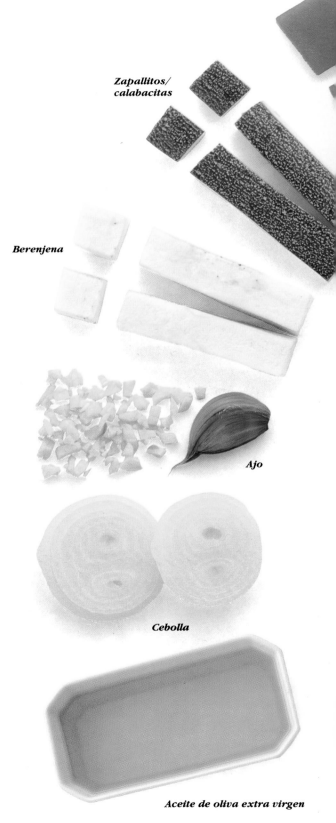

Zapallitos/
calabacitas

Berenjena

Ajo

Cebolla

Aceite de oliva extra virgen

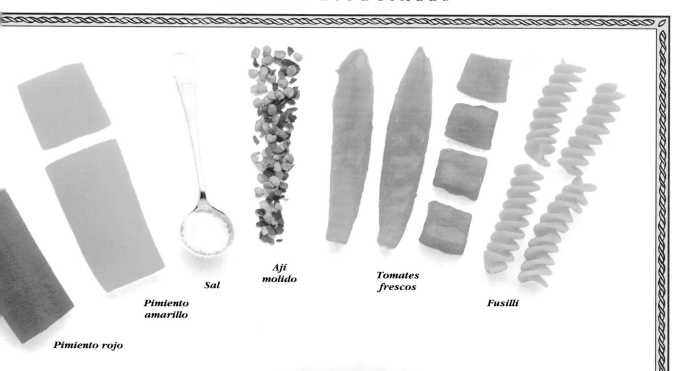

Pimiento rojo

Pimiento amarillo

Sal

Ají molido

Tomates frescos

Fusilli

Fusilli corti alla campagnola

RUOTE DI CARRO CON PEPERONATA

Ruedas de Carro con Pimientos y Cebollas

INGREDIENTES

Para 500g de *ruote di carro*

90ml de aceite de oliva extra virgen
250g de cebolla cortada en rodajas finas
*2 pimientos rojos y 2 pimientos amarillos, sin el centro ni
las semillas, pelados y cortados a lo largo en tiras de
6mm de ancho*
*250g de tomates en lata enteros y pelados, con su jugo,
cortados en trozos grandes*
sal y pimienta negra molida en el momento
1 pizca de ají/chile molido
1 cucharadita de perejil de hoja plana bien picado

PREPARACION

1 Poner el aceite de oliva y la cebolla en una
sartén grande a fuego lento. Cocinar, revolviendo
cada tanto, hasta que la cebolla esté tierna y de un
profundo color dorado.

2 Levantar a fuego moderado, agregar los
pimientos, y cocinar, revolviendo con frecuencia,
hasta que se ablanden un poco: 2-3 minutos.
3 Incorporar los tomates, sazonar con sal y
pimienta negra y agregar el ají molido. Revolver
bien y cocinar hasta que los tomates se hayan
reducido y separado del aceite: unos 20 minutos.
4 Agregar el perejil, revolver durante
aproximadamente 30 segundos y retirar del fuego.
Dejar a un costado.

 *Se puede preparar la salsa con anticipación
hasta este punto y refrigerar.*

5 Poner a hervir 4 litros de agua en una olla
grande. Agregar 1 cucharada de sal y echar la
pasta toda de una vez, revolviendo bien.
6 Cuando la pasta esté casi hecha, volver a poner
la sartén con la salsa a fuego moderado.
7 Una vez que la pasta esté cocida *al dente*, colar
y mezclar con la salsa. Probar la sal y servir de
inmediato.

También se puede servir con: *rigatoni, penne
rigate, fusilli lunghi, fusilli corti*

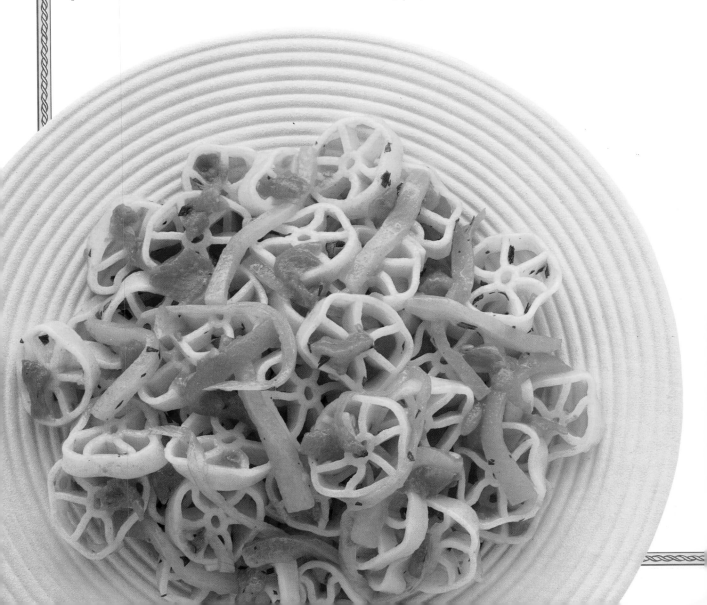

CONCHIGLIE ALLA SALSICCIA E PANNA

Conchillas con Salchichas, Tomates y Crema

INGREDIENTES

Para 500g de *conchiglie*

250g de salchicha de cerdo
30g de manteca/mantequilla
1 cucharadita de romero fresco bien picado o 1/2
cucharadita de romero disecado
700g de tomates maduros y frescos, pelados, sin semillas,
y cortados en dados de 1 cm
1 pizca de ají/chile molido
sal
120ml (8 cucharadas) de crema entera
1 cucharada de perejil de hoja plana bien picado
4 cucharadas de queso parmesano rallado

PREPARACION

1 Hervir la salchicha en agua durante 2-3 minutos. Cuando esté fría, cortarla en rodajas delgadas.

2 Poner 4 litros de agua en una olla grande a fuego fuerte.

3 Derretir la mantequilla en una sartén grande a fuego entre moderado y fuerte. Agregar la salchicha y cocinar hasta que esté ligeramente dorada.

4 Agregar el romero, los tomates y 30ml (2 cucharadas) de agua. Cocinar hasta que el agua se haya evaporado y los tomates hayan comenzado a desmenuzarse y a formar una salsa: unos 5 minutos.

5 Cuando el agua para la pasta esté hirviendo, agregar 1 cucharada de sal y echar la pasta toda de una vez, revolviendo bien.

6 Agregar a la salsa el ají molido y sazonar con un poco de sal (teniendo en cuenta que la salchicha ya tiene sal). Verter la crema y rociar con el perejil. Cocinar, revolviendo con frecuencia, hasta que la crema se haya reducido a la mitad. Retirar la sartén del fuego y dejar a un costado.

7 Cuando la pasta esté cocida *al dente*, colar y mezclar con la salsa, agregando el queso rallado. Probar la sal y las especias y servir de inmediato.

LUMACHE AI CARCIOFI

Lumache con Alcachofas, Tocino y Tomillo

INGREDIENTES

Para 500g de *lumache*

2 alcachofas/alcauciles grandes
2 cucharadas (30ml) de jugo de limón
60g de manteca/mantequilla
100g de cebolla bien picada
*125g de panceta/tocino, cortado en tiras finas a partir
de un trozo de 1cm de ancho*
sal y pimienta negra molida en el momento
*1/2 cucharadita de tomillo fresco picado o 1/4
cucharadita de tomillo disecado*
6 cucharadas de queso parmesano rallado

PREPARACION

1 Pelar las alcachofas como se muestra aquí,
cortarlas en rodajas finas y colocarlas en un
recipiente con agua fría y el jugo de limón para
impedir que se oscurezcan.

2 Derretir la mantequilla en una sartén grande a
fuego moderado. Agregar la cebolla y cocinar
hasta que esté tierna y de un profundo color
dorado. Agregar el tocino y seguir salteando hasta
que esté bien dorado pero no tostado.

3 Poner 4 litros de agua en una olla grande a
fuego fuerte.

4 Escurrir las alcachofas, enjuagarlas con agua fría
y agregarlas a la sartén. Sazonar con sal y pimienta
negra y rociar con el tomillo. Revolver varias veces
hasta que queden bien cubiertos. Verter agua
hasta alcanzar una altura de 1 cm y cocinar sin
tapar hasta que las alcachofas estén bien tiernas:
10-15 minutos. Es posible que se necesite agregar
más agua. Cuando estén hechas, retirar del fuego
y dejar a un costado.

5 Cuando el agua para la pasta esté hirviendo,
agregar 1 cucharada de sal y echar la pasta toda
de una vez, revolviendo bien.

6 Una vez que la pasta esté casi hecha, volver a
colocar la salsa al fuego para que se consuma el
exceso de líquido, dejando apenas un poco.

7 Cuando la pasta esté cocida *al dente*, colar y
mezclar con la salsa, agregando el queso rallado.
Probar la sal y servir de inmediato.

También puede servirse con: *gnocchi, fusilli
corti, fusilli lunghi, cavatappi, radiatori*

PELAR LAS ALCACHOFAS

*1 Quitar las hojas de las alcachofas,
doblándolas hacia atrás hasta que se
corten y luego empujándolas hacia abajo.
En las alcachofas más frescas, las hojas se
separan con más facilidad.*

2 Con un cuchillo afilado, cortar la punta. Tirarla.

3 Con un cuchillo redondo, del tipo de un cuchillo de mesa, sacar el centro velludo que está adentro de la verdura.

4 Con un cuchillo de pelar afilado, quitar todas las partes de color verde oscuro. Finalmente, cortar el tallo, y la alcachofa está lista para usar.

**Lumache
ai carciofi**

STROZZAPRETI AI PORCINI E PEPERONI

Strozzapreti con Hongos y Pimientos

Esta es una receta que descubrí en un restaurante llamado Antonio Colonna en la pequeña ciudad de Labico, en las afueras de Roma. La puerta del restaurante no tiene cartel y se parece más a la entrada de una casa privada que a la de un restaurante. Se toca el timbre y se entra a una elegante habitación de altos techos con seis mesas. No hay menú y le sirven una espectacular comida de siete platos seleccionados por el chef para ese día. Este plato fue la pasta que sirvieron el día de nuestra visita.

INGREDIENTES

Para 500g de *strozzapreti*

250g de hongos *frescos o descongelados, cortados en dados de 1 cm, o 30g de* hongos *secos*
90ml (6 cucharadas) de aceite de oliva extra virgen
4-6 dientes de ajo, ligeramente aplastados y pelados, pero enteros
2 ramitos de salvia fresca o 1 cucharadita de salvia disecada
1 ramito de romero fresco, o 1 cucharadita de romero disecado
500g de hongos blancos/champiñones frescos, cortados en dados de 1 cm
1 pimiento rojo y 1 amarillo, sin el centro ni las semillas, pelados y cortados en dados de 6mm
sal y pimienta negra molida en el momento
30g de manteca/mantequilla
6 cucharadas de queso parmesano rallado

PREPARACION

1 Si se usan *hongos* frescos o descongelados, pasar directamente al paso 2, y omitir el paso 3. Si se usan *hongos* secos, remojarlos en un recipiente con 250ml de agua tibia durante 20 minutos por lo menos. Sacarlos, escurrir el exceso de agua en el mismo recipiente. Enjuagarlos bajo el agua fría y cortarlos en trozos grandes. Filtrar el agua con papel absorbente o un filtro de café y dejar a un costado.

2 Poner el aceite de oliva, el ajo, la salvia, y el romero en una sartén grande a fuego entre moderado y fuerte y cocinar hasta que los dientes de ajo se hayan dorado. Sacar la sartén del fuego. Retirar el ajo, junto con las ramitas de hierbas frescas. Si se usan hierbas disecadas, quitarlas pasando el aceite por un colador.

3 Agregar los *hongos* remojados y el agua filtrada. (Hacer esto fuera del fuego para que el agua no salpique). Volver a colocar la sartén con los *hongos* a fuego entre moderado y fuerte y cocinar hasta que toda el agua se haya evaporado.

4 Agregar los hongos blancos/champiñones frescos, levantar a fuego fuerte y saltear hasta que el agua que sueltan se haya también evaporado.

5 Si se usan *hongos* frescos o descongelados, agregarlos en este momento y cocinar a fuego entre moderado y fuerte durante 2-3 minutos, revolviendo con frecuencia.

6 Agregar los pimientos rojo y amarillo, sazonar con sal y pimienta negra y seguir cocinando hasta que estén tiernos: 5-10 minutos. Retirar del fuego y dejar a un costado.

 Se puede preparar la salsa con anticipación hasta este punto, pero no refrigerar.

7 Poner a hervir 4 litros de agua en una olla grande. Agregar 1 cucharada de sal y echar la pasta toda de una vez, revolviendo bien.

8 Cuando la pasta esté casi hecha, volver a colocar la salsa a fuego moderado e incorporar la mantequilla.

9 Cuando la pasta esté cocida *al dente*, colar y mezclar con la salsa, agregando el queso rallado. Servir de inmediato.

También se puede servir con: *penne*

Insalata di Fusilli e Penne

Ensalada de Pasta de Polly

Cuando mi esposa, Polly, tuvo que hacer un plato para una fiesta especial a la que había sido invitada, creó esta deliciosa ensalada.

INGREDIENTES

Para 250g de *fusilli corti* y 250g de *penne*

2 pimientos rojos
1 berenjena mediana
90ml (6 cucharadas) de aceite de oliva extra virgen
90g de corazones de alcachofas/alcauciles, preservados en aceite, cortados en cuatro
8-10 aceitunas verdes, sin carozo, cortadas a lo largo
8-10 aceitunas negras, sin carozo, cortadas a lo largo
2 cucharadas de alcaparras
1 palta/aguacate, pelada y cortada en trozos de 1 cm
15ml (1 cucharada) de vinagre de vino rojo
sal

PREPARACION

1 Asar los pimientos en el grill o sobre la llama hasta que toda la piel esté tostada. Colocarlos en un recipiente que se cubre con película autoadherente. Después de unos 20 minutos, sacar los pimientos, cortarlos al medio, quitarles el centro y raspar la piel y las semillas. Cortarlos en cuadrados de 1 cm.
2 Asar la berenjena entera del mismo modo que los pimientos, pero en lugar de colocarla en un recipiente cubierto, dejarla en un plato. Cuando esté fría, cortarle la punta y quitarle la piel. Cortar a la mitad a lo largo, retirar la mayor parte de las semillas y cortar la pulpa en trozos de 2 cm.
3 Poner a hervir 4 litros de agua en una olla grande. Agregar 1 cucharada de sal y echar los dos tipos de pasta, revolviendo bien (si son de la misma marca, tardarán la misma cantidad de tiempo en cocinarse).
4 Cuando la pasta esté *molto al dente* (unos 30 segundos antes de estar *al dente*), colar y mezclar en un recipiente con 30ml (2 cucharadas) de aceite de oliva.
5 Agregar los pimientos, la berenjena y el resto de los ingredientes, lo que queda del aceite de oliva y una pizca de sal. Mezclar bien y dejar a un lado hasta que se enfríe por completo antes de servir, pero no refrigerar.

Orecchiette alla Verza

Orecchiette con Anchoas y Repollo

Esta receta también puede hacerse con brócoli: usar 350g de flores de brócoli picadas en lugar de 1kg de repollo en tiritas. No cubrir la sartén en el paso 3, sino levantar a fuego fuerte, saltear el brócoli durante 5 minutos solamente, y omitir el paso 5.

INGREDIENTES

Para 500g de *orecchiette*

120ml (8 cucharadas) de aceite de oliva extra virgen
4 dientes de ajo, ligeramente aplastados y pelados, pero enteros
6-8 filetes de anchoa picados
1kg de repollo cortado en tiritas
sal y pimienta negra molida en el momento
30g de manteca/mantequilla
6 cucharadas de queso parmesano rallado

PREPARACION

1 Poner el aceite de oliva y el ajo en una sartén grande a fuego entre mediano y fuerte y cocinar hasta que los dientes se hayan dorado.
2 Retirar el ajo. Bajar a fuego lento y, una vez que el aceite se haya enfriado un poco, agregar las anchoas (de lo contrario se freirán). Cocinar, revolviendo con cuchara de madera, hasta que las anchoas se hayan desmenuzado.
3 Incorporar el repollo, sazonar con sal y pimienta negra y mezclar hasta que el repollo esté bien cubierto con el aceite y las anchoas. Cubrir la sartén y cocinar, revolviendo cada tanto, hasta que el repollo esté bien tierno: 20-30 minutos.
4 Poner 4 litros de agua en una olla grande a fuego fuerte.
5 Destapar la sartén y levantar a fuego entre moderado y fuerte para que se evaporen los restos de agua de la salsa. Una vez que el agua se haya evaporado y el repollo haya tomado cierto color, retirar la sartén del fuego y dejar a un costado.
6 Cuando el agua para la pasta esté hirviendo, agregar 1 cucharada de sal y echar la pasta toda de una vez, revolviendo bien.
7 Una vez que la pasta esté casi hecha, volver a colocar la salsa a fuego moderado e incorporar la mantequilla.
8 Cuando la pasta esté cocida *al dente*, colar y mezclar con la salsa, agregando el queso rallado. Servir de inmediato.

También se puede servir con: *fusilli corti, cavatappi, strozzapreti*

MINESTRE
Sopas

BRODO DI CARNE

Caldo de Carne Casero

Un caldo de carne casero en Italia es delicado y suave. Surge de una combinación de carnes crudas y verduras. No hay que confundirlo con el extracto de carne, que es en general más intenso y concentrado y se hace con huesos horneados y verduras.

INGREDIENTES

2,5kg de carne de vaca y de ternera y sus huesos (también se puede usar pollo)
1 cucharadita de sal
2 zanahorias peladas
2-3 tallos de apio
1 cebolla mediana pelada
1 tomate fresco y maduro o 1 tomate en lata entero
1 ramita de perejil de hoja plana
1 cucharada de pimienta negra en grano

PREPARACION

1 Poner todos los ingredientes en una olla, verter agua fría hasta cubrir 5 cm y colocar a fuego fuerte.
2 Cuando el agua comience a hervir, bajar el fuego a muy lento y retirar la espuma que se haya formado en la superficie. Tapar dejando una rendija. Cocinar a fuego muy lento durante unas 3 horas.
3 Cuando el caldo esté hecho, volcarlo a través de un colador y dejar enfriar por completo. Se puede guardar en el refrigerador durante 3 días. Si se lo quiere conservar más tiempo, lo mejor es congelarlo. Colocar el caldo en bandejas para hacer cubos de hielo y, una vez congelado, guardar los cubos en bolsas de plásticos en el freezer.

MINESTRA DI PASTA E CECI

Sopa de Pasta y Garbanzos

La sopa de garbanzos de mi madre es ideal para una noche fría de invierno. Si tiene garbanzos en lata, puede hacerla en menos de 45 minutos del principio al final. El agregado de maltagliati *caseros la hace aún más deliciosa.*

INGREDIENTES

90ml (6 cucharadas) de aceite de oliva extra virgen
4 dientes de ajo, ligeramente aplastados y pelados, pero enteros
2 cucharaditas de romero fresco bien picado, o 1 cucharadita de romero disecado
175g de tomates en lata enteros y pelados, con su jugo, cortados en trozos grandes
350g de garbanzos en lata, sin el jugo
700ml de caldo de carne casero (ver receta de la izquierda) o 1 cubito de caldo de carne disuelto en 700ml de agua
sal y pimienta negra molida en el momento
250g de maltagliati *caseros o cualquier otra pasta tubular pequeña*
4 cucharadas de queso parmesano rallado

PREPARACION

1 Poner el aceite de oliva y el ajo en una olla grande, de fondo pesado, a fuego entre moderado y fuerte y cocinar hasta que el ajo se haya dorado.
2 Retirar el ajo. Agregar al aceite el romero. Retirar la cacerola del fuego un momento e incorporar los tomates. Bajar a fuego entre mediano y lento, volver a colocar la olla y cocinar hasta que los tomates se hayan reducido y separado del aceite: 15-20 minutos.
3 Agregar los garbanzos, sazonar con sal y pimienta negra, y cocinar otros 2-3 minutos.
4 Verter el caldo, cubrir la olla, y cocinar 15 minutos más.
5 Con una espumadera, retirar aproximadamente un cuarto de los garbanzos y convertirlos en puré con un procesador de alimentos o con un tenedor. Volver a colocarlos en la sopa y levantar a fuego entre mediano y fuerte. Cuando la sopa comience a hervir, echar la pasta y tapar la olla.
6 Cuando la pasta esté *al dente*, sacar la sopa del fuego y agregar el queso rallado. Dejar que la sopa repose unos minutos antes de servir.

PASTA E FAGIOLI

Sopa de Pasta y Porotos/Frijoles

En Italia hay muchas variantes de la clásica sopa de pasta y porotos/frijoles, y mi favorita es la que se hace en la región de Emilia-Romagna. Los porotos/frijoles secos también sirven, siempre que se los remoje en agua durante toda la noche. También pueden usarse porotos/frijoles blancos o colorados en lata. Esta receta respeta el método clásico de preparar esta sopa, y la aprendí de mi madre.

INGREDIENTES

60ml (4 cucharadas) de aceite de oliva extra virgen, y un poco más para servir con la sopa
2 cucharadas de cebolla bien picada
3 cucharadas de zanahoria cortada en dados
3 cucharadas de apio cortado en dados
3-4 costillas de cerdo o 2 chuletas de cerdo pequeñas
175g de tomates en lata enteros y pelados, con su jugo, cortados en trozos grandes
700ml de porotos/frijoles blancos frescos o blancos o colorados en lata, sin el jugo, o 350g de porotos/frijoles blancos secos remojados durante la noche
1 litro de caldo de carne casero, o 1 cubito de caldo de carne disuelto en 1 litro de agua
sal
250g de maltagliati *caseros o cualquier pasta tubular pequeña*
4 cucharadas de queso parmesano rallado
pimienta negra molida en el momento

PREPARACION

1 Poner el aceite de oliva y la cebolla en una olla grande, de fondo pesado, a fuego moderado y saltear hasta que la cebolla tenga un profundo color dorado.
2 Incorporar la zanahoria y el apio y saltear durante 2 minutos más. Agregar el cerdo y cocinar, revolviendo cada tanto, durante unos 10 minutos.
3 Agregar los tomates, bajar a fuego lento y cocinar durante unos 10 minutos más, o, si en el próximo paso se usan porotos/frijoles en lata, hasta que los tomates se hayan reducido: unos 25 minutos.
4 Agregar los porotos/frijoles, revolver bien y verter el caldo. Cubrir la olla y cocinar hasta que los porotos/frijoles estén tiernos: unos 45 minutos si son frescos o secos remojados, 5 minutos si son de lata (pues ya están cocidos).
5 Retirar el cerdo (pero no tirarlo: es un buen aperitivo para el cocinero en este punto). Con una espumadera, retirar un cuarto de los porotos/frijoles. Hacerlos puré con un procesador de alimentos o con un tenedor y volver a ponerlos en la olla. Sazonar con sal (es importante no

agregar sal hasta que los porotos/frijoles estén completamente cocidos, de lo contrario se les endurecerá la piel).

 Se puede preparar la sopa con anticipación hasta este punto y refrigerar.

6 Controlar la densidad de la sopa. No debe estar demasiado aguada, pero sí lo suficientemente líquida como para poder cocinar la pasta. Si es necesario, agregar un poco más de caldo o de agua. Levantar a fuego entre moderado y fuerte. Cuando la sopa comience a hervir, echar la pasta.
7 Cuando la pasta esté *al dente*, retirar la sopa del fuego y agregar el queso rallado. Es mejor si se deja que la sopa repose unos minutos antes de servir. Una vez que esté lista, colocarla en tazones y sazonar cada porción con pimienta negra y una pizca de aceite de oliva fresca.

MINESTRINA DEI BAMBINI

Sopa para Niños con Pastina

En Italia, esta sopa se hace tradicionalmente para los niños pequeños o para las personas que están convalecientes y no se sienten bien como para comer con normalidad. Es una sopa reconfortante y revitalizante.

INGREDIENTES

1,25 litros de caldo de carne casero (ver página anterior), o 2 cubitos de caldo de carne o de gallina disueltos en 1,25 litros de agua
175g de pastina (pasta pequeña para sopa)
30g de manteca/mantequilla
4 cucharadas de queso parmesano rallado

PREPARACION

1 Poner el caldo a hervir. Echar la *pastina* y cocinar un momento hasta que esté *al dente*. Retirar la olla del fuego.
2 Incorporar la mantequilla y el queso rallado y servir de inmediato.

MINESTRA DI PASTA E VERDURE ALLA ROMANA

Sopa Romana con Pasta y Verduras

En un antiguo libro de pastas italiano, encontré una mención a una sopa romana hecha con pasta y "diferentes lechugas". Me pareció interesante y decidí tratar de hacerla con acelga, col, lechuga y repollo. El resultado fue una sopa maravillosa y elegante que excedió mis espectativas. Cualquier repollo de sabor fuerte y hoja oscura funciona bien en esta sopa. Hay que lavar bien todas las hojas y quitar todos los tallos duros antes de cocinar. El peso total de las hojas será 250g aproximadamente.

INGREDIENTES

30g de manteca/mantequilla
45ml (3 cucharadas) de aceite de oliva extra virgen
60g de cebolla bien picada
2 cucharadas de panceta/tocino cortado en daditos
4 cucharadas de zanahoria cortada en daditos
4 cucharadas de apio cortado en daditos
1/2 cucharadita de romero fresco bien picado, o 1/4 cucharadita de romero disecado
2 puñados de hojas de acelga picadas, o (si no hay acelga) hojas de espinaca
1 puñado de hojas de col o repollo verde picadas
2 puñados de hojas de lechuga picadas
3 puñados de hojas de repollo cortadas en tiritas
sal y pimienta negra molida en el momento
1,25 litros de caldo de carne casero (ver página 130) o 1 cubito de caldo de carne disuelto en 1,25 litros de agua
175g de tubetti, ditali o, mi favorito, cavatappi
4 cucharadas de queso parmesano rallado

PREPARACION

1 Poner la mantequilla, un tercio del aceite de oliva y toda la cebolla en una olla grande, de fondo pesado, a fuego entre mediano y lento.
2 Cuando la cebolla esté tierna y de un profundo color dorado, agregar el tocino y seguir cocinando hasta que esté dorado pero no tostado.
3 Agregar la zanahoria, el apio y el romero y saltear hasta que estén algo dorados.
4 Echar todas las hojas y sazonar con sal y pimienta negra. Una vez que las hojas se hayan comenzado a reducir, seguir cocinando 2 minutos y echar el caldo. Cuando el caldo empiece a hervir, bajar a fuego lento y tapar la olla. Cocinar 1 hora.
5 Subir a fuego entre mediano y fuerte. Cuando la sopa comience a hervir de nuevo, echar la pasta y cubrir la olla. Cuando la pasta esté *al dente*, colocar la sopa en tazones. Agregar el resto del aceite de oliva sobre cada porción y espolvorear con el queso rallado. Servir de inmediato.

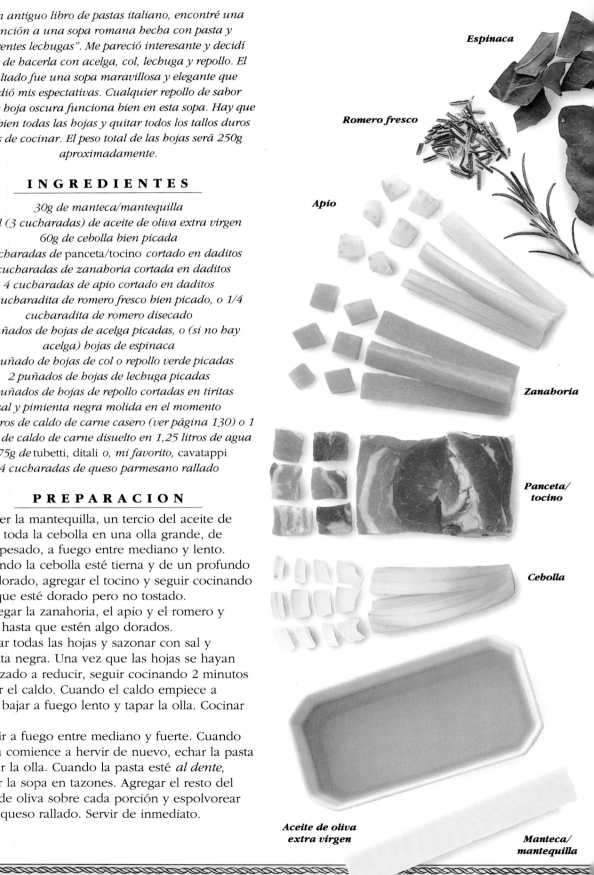

Espinaca

Romero fresco

Apio

Zanahoria

Panceta/tocino

Cebolla

Aceite de oliva extra virgen

Manteca/mantequilla

Col

Lechuga

Repollo

Sal

Pimienta
negra

Caldo

Tubetti

Queso
parmesano

Minestra
alla romana

PASTA RIPIENA E AL FORNO
Pasta Rellena y al Horno

TORTELLONI DI BIETE
Tortelloni Rellenos con Acelga

Con estos tortelloni *comenzó mi amor eterno hacia las pastas. Los prefiero con la simple salsa de mantequilla y tomate de la página 52, pero también van de maravillas con mantequilla y queso parmesano. En la página 53 aparecen los di spinaci (rellenos de espinaca).*

INGREDIENTES

LOS TORTELLONI

1 kg de acelga (más si las pencas son grandes) o espinaca fresca o 625g de espinaca descongelada
sal
60g de manteca/mantequilla
4 cucharadas de cebolla bien picada
60g de jamón bien picado
200g de ricota entera
1 yema de huevo
60g de queso parmesano rallado
1/2 cucharadita de nuez moscada rallada en el momento
masa para pasta hecha con 2 huevos (ver página 36)

LA SALSA

Salsa de Mantequilla y tomate (ver página 52) hecha con anticipación, o 90g de mantequilla, cortada en trozos pequeños
60g de queso parmesano rallado

PREPARACION

LOS TORTELLONI

1 Si se usan hojas de acelga o de espinaca fresca, quitar las pencas o los tallos y lavar las hojas, cambiando varias veces el agua fría. Colocarlas en una sartén a fuego entre mediano y fuerte con 1/2 cucharada de sal y sólo el agua que retuvieron después del lavado. Tapar y cocinar hasta que las hojas estén tiernas: unos 8-12 minutos. Si se usa espinaca congelada, cocinar durante unos 3 minutos en agua hirviendo con sal.
2 Escurrir las hojas y, cuando estén frías, exprimir el exceso de agua y picar.
3 Derretir la mantequilla en una sartén a fuego mediano. Agregar la cebolla y cocinar hasta que adquiera un profundo color dorado. Agregar el jamón y saltear durante 1 minuto. Añadir la acelga o la espinaca y cocinar, revolviendo, durante 3 minutos (no hay que preocuparse si la verdura absorbe toda la manteca). Pasar a un recipiente para mezclar. Dejar que se enfríe.
4 Mezclar con la ricota, la yema de huevo, el queso rallado y la nuez moscada. Combinar bien y probar la sal.
5 Estirar la masa hasta que quede lo más fina posible y rellenar los *tortelloni* según se muestra en la página 42. Distribuirlos sobre un paño de cocina limpio.
6 Poner 4 litros de agua a hervir en una olla grande, agregar 1 cucharada de sal y 1 de aceite de oliva, y echar la pasta, ayudándose del paño de cocina en que estaba apoyada.
7 Recalentar la salsa de *Mantequilla y tomate*, o derretir la mantequilla.
8 Cuando los bordes sellados de los *tortelloni* estén cocidos *al dente*, colarlos y pasarlos a un recipiente para servir. Verter la salsa o la manteca derretida sobre la pasta, espolvorear con el queso rallado y mezclar con suavidad hasta que la pasta esté bien cubierta. Servir de inmediato.

TORTELLINI ALLA PANNA
Tortellini con Crema

Hay una historia que cuenta que un fabricante de pasta estaba enamorado en secreto de una joven que trabajaba para él. Antes de comenzar a trabajar, ella se cambiaba de ropa en el cuarto de atrás, y un día, el dueño cedió a la tentación de espiar por el agujero de la cerradura. Todo lo que pudo ver fue su ombligo, pero lo consideró tan hermoso que tomó un pequeño disco de pasta e imitó su forma. Así, dice la leyenda, nació el primer tortellino.

INGREDIENTES

LOS TORTELLINI

15g de manteca/mantequilla
15ml de aceite vegetal
60g de lomo de cerdo sin huesos, cortado en cubos de 1 cm
sal y pimienta negra molida en el momento
90g de pechuga de pollo sin piel, sin huesos y sin grasa, cortada en cubos de 1 cm
60g de mortadela bien picada
150g de ricota entera
1 yema de huevo
1/4 cucharadita de nuez moscada rallada en el momento
60g de queso parmesano rallado
masa de pasta hecha con 2 huevos (ver página 36)

LA SALSA

30g de manteca/mantequilla
120ml (8 cucharadas) de crema entera
6 cucharadas de queso parmesano rallado

PREPARACION

LOS TORTELLINI

1 Poner la mantequilla, el aceite y el cerdo en una sartén a fuego moderado. Sazonar con sal y pimienta negra y cocinar 5 minutos, revolviendo. Retirar el cerdo con una espumadera y dejar a un costado.

2 Agregar el pollo a la sartén, sazonar con sal y pimienta negra, y cocinar, revolviendo, durante 2-3 minutos. Retirar con una espumadera y dejar a un costado junto con el cerdo.

3 Picar bien el cerdo y el pollo en un procesador de alimentos o a mano (no tanto que quede como una pasta). Pasar a un recipiente y, con un tenedor, mezclar la *mortadela,* la *ricota,* la yema de huevo, la nuez moscada y el queso rallado. Amasar para amalgamar todos los ingredientes. Probar la sal y dejar a un costado.

4 Estirar la masa hasta que quede lo más delgada posible y rellenar los *tortellini* como se muestra en la página 42. Distribuirlos sobre un paño de cocina limpio.

LA SALSA

1 Poner 4 litros de agua a hervir en una olla grande a fuego fuerte.

2 Derretir la mantequilla en una sartén grande a fuego entre moderado y fuerte. Verter la crema y cocinar, revolviendo con frecuencia, hasta que la crema se haya reducido a la mitad. Retirar la sartén del fuego y dejar a un costado.

3 Cuando el agua de la pasta esté hirviendo, agregar 1 cucharada de sal y 1 de aceite de oliva, y echar la pasta con la ayuda del paño de cocina en que estaba apoyada.

4 Cuando los bordes sellados de los *tortellini* estén cocidos *al dente*, volver a colocar la sartén con la salsa a fuego lento, colar los *tortellini* y mezclar con mucha suavidad con la crema y la manteca en la sartén, agregando el queso rallado, una pizca de sal y algunas vueltas del molinillo de la pimienta negra. Probar y servir de inmediato.

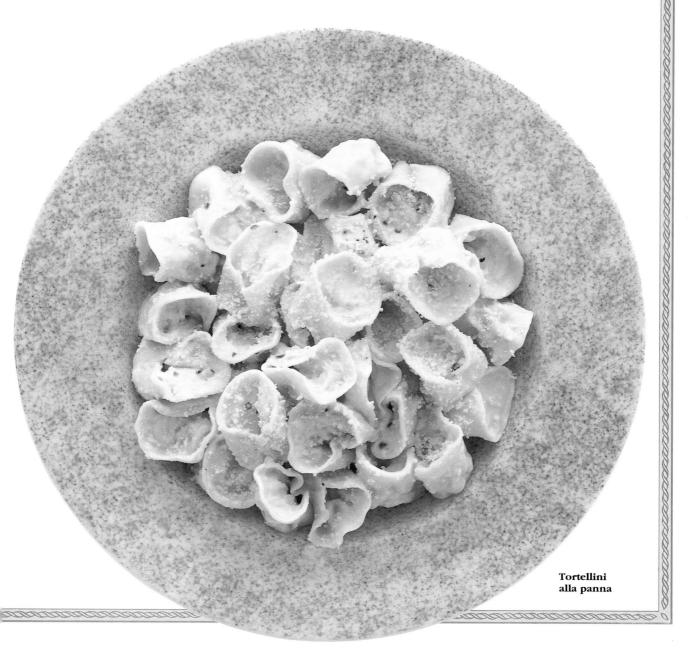

**Tortellini
alla panna**

TORTELLONI DI RICOTTA E PREZZEMOLO

Tortelloni Rellenos con Ricota y Perejil

Estos tortelloni *son una especialidad de Boloña. A diferencia de las versiones con forma de almohadón que aparecen en esta misma sección, los* tortelloni *boloñeses tienen la forma de* cappelletti *grandes. La mejor salsa es la de tomates rosada usada en la receta de* Tortelloni di carciofi *(página 138).*

INGREDIENTES

300g de ricota entera
60g de perejil de hoja plana bien picado
1 yema de huevo
1/8 cucharadita de nuez moscada rallada en el momento
125g de queso parmesano rallado
sal y pimienta negra molida en el momento
masa para pasta hecha con 2 huevos (ver página 36)

PREPARACION

1 En un recipiente para mezclar, combinar con un tenedor la ricota, el perejil, la yema de huevo, la nuez moscada y la mitad del queso rallado. Sazonar con sal y pimienta negra.

2 Estirar la masa hasta que quede lo más delgada posible y hacer los *tortelloni* rellenos según se muestra en la página 43.

3 Preparar la salsa rosada de tomate como aparece en la receta de *Tortelloni di carciofi* en la página 138.

4 Poner 4 litros de agua a hervir en una olla grande. Agregar 1 cucharada de sal y 1 de aceite de oliva, y echar la pasta con la ayuda del paño de cocina en que estaba apoyada.

5 Cuando los bordes sellados de los *tortelloni* estén cocidos *al dente*, colar y pasar a una fuente para servir. Verter la salsa sobre ellos y mezclar con suavidad junto con el resto del queso rallado. Servir de inmediato.

RAVIOLINI DI PESCE AL SUGO DI GAMBERI

Raviolini de Pescado con Salsa de Camarones

INGREDIENTES

LOS RAVIOLINI

30g de manteca/mantequilla
1/2 cucharadita de mejorana fresca bien picada, o 1/4 cucharadita de mejorana disecada
250g de róbalo o un pescado similar, blanco y suave, sin espinas y sin piel
sal y pimienta negra molida en el momento
125g de ostiones, sin coral
30ml (2 cucharadas) de crema entera
2 yemas de huevo
3 cucharadas de queso parmesano rallado
1 pizca de nuez moscada rallada en el momento
masa para pasta hecha con 2 huevos (ver página 36)

LA SALSA

90ml (6 cucharadas) de aceite de oliva extra virgen
3 dientes de ajo, ligeramente aplastados y pelados, pero enteros
2 cucharadas de puré de tomate
120ml (8 cucharadas) de vino blanco seco
250g de camarones medianos, pelados y desnervados, si es necesario
sal y pimienta negra molida en el momento
250ml de crema entera
2 cucharadas de perejil de hoja plana bien picado

PREPARACION

LOS RAVIOLINI

1 Poner la mantequilla en una sartén a fuego entre mediano y fuerte y dejar que haga espuma. Cuando la espuma comience a ceder, agregar la mejorana y el pescado. Cocinar el pescado de los dos lados, con cuidado de que no se cocine demasiado, si no, se pondrá seco: 4-6 minutos. Sazonar con sal y pimienta negra y retirar de la sartén con una espumadera.

2 Poner el pescado cocido en un procesador de alimentos o licuadora. Licuar hasta que quede casi cremoso, pasar luego a un recipiente para mezclar.

3 Poner los ostiones crudos en el procesador o la licuadora y picar bien fino. Agregar la crema y hacer funcionar la máquina unos 5 segundos más. Pasar todo al recipiente con el pescado.

4 Agregar las yemas de huevo, el queso rallado y la nuez moscada. Combinar bien con un tenedor y probar la sal y la pimienta negra.

5 Estirar la masa hasta que quede lo más delgada posible y hacer los *raviolini* rellenos según se muestra en la página 43. Distribuirlos sobre un paño de cocina limpio.

**Raviolini di pesce
al sugo di gamberi**

LA SALSA

1 Poner el aceite de oliva y el ajo en una sartén a fuego entre mediano y fuerte. Cuando los dientes de ajo se hayan dorado, retirarlos y deshacerse de ellos. Retirar la sartén del fuego.

2 Disolver el puré de tomate en el vino blanco y volcar en la sartén. Volver a colocar la sartén a fuego entre mediano y fuerte y reducir las tres cuartas partes del vino.

3 Agregar dos tercios de los camarones en la sartén. Cocinar, revolviendo, hasta que estén rosados: unos 2-3 minutos. Sazonar con sal y pimienta negra.

4 Apagar el fuego y retirar los camarones con una espumadera. Ponerlos en el procesador de alimentos, picarlos bien fino y volver a colocarlos en la sartén. Poner a fuego entre mediano y fuerte y agregar la mitad de la crema. Cocinar, revolviendo con frecuencia, hasta que se haya reducido a la mitad. Retirar del fuego.

5 Poner 4 litros de agua a hervir en una olla grande a fuego fuerte.

6 Cortar el resto de los camarones en tercios. Volver a colocar la salsa a fuego entre moderado y fuerte y agregar el resto de la crema y los camarones crudos cortados. Cocinar, revolviendo con frecuencia, hasta que la crema que acaba de incorporarse se haya reducido a la mitad. Agregar el perejil. Si la salsa parece agrumarse en este punto, se corrige revolviendo bien. Retirar del fuego y dejar a un costado.

7 Cuando el agua de la pasta esté hirviendo, agregar 1 cucharada de sal y 1 de aceite de oliva, y echar la pasta con la ayuda del paño de cocina en que estaba apoyada.

8 Cuando los bordes sellados de los *raviolini* estén cocidos *al dente*, colar y pasar a una fuente para servir. Verter la salsa sobre ellos y mezclar con suavidad hasta que la pasta esté bien cubierta. Servir de inmediato.

TORTELLONI DI CARCIOFI ALLA PANNA ROSA

Tortelloni de Alcachofa/Alcaucil con Salsa Rosada de Tomate

INGREDIENTES

LOS TORTELLONI

2 alcachofas/alcauciles grandes o 3 de tamaño mediano
30ml (2 cucharadas) de jugo de limón
45g de manteca/mantequilla
3 cucharadas de cebolla bien picada
sal y pimienta negra molida en el momento
1 yema de huevo
60g de queso parmesano rallado
1/8 cucharadita de nuez moscada rallada en el momento
masa para pasta hecha con 2 huevos (ver página 36)

LA SALSA

1/2 de la cantidad de salsa de Mantequilla y tomate *(ver página 52), hecha con anticipación*
120ml (8 cucharadas) de crema entera
60g de queso parmesano rallado

PREPARACION

LOS TORTELLONI

1 Pelar las alcachofas como se muestra en las páginas 126-7, cortar en rodajas finas y colocar en un recipiente con agua fría y jugo de limón para impedir que se oscurezcan.
2 Derretir la mantequilla en una sartén a fuego moderado. Agregar la cebolla y cocinar hasta que esté tierna y de un profundo color dorado.
3 Escurrir las alcachofas, enjuagar y agregar a la sartén. Revolver hasta que queden bien cubiertas, sazonar con sal y pimienta negra y verter agua hasta alcanzar 1 cm de la sartén. Cocinar sin tapar hasta que el agua se haya evaporado y las alcachofas estén bien tiernas, agregando más agua si es necesario: 10-15 minutos.
4 Pasar a un procesador de alimentos o licuadora y picar hasta que la preparación esté cremosa. Dejar enfriar en un recipiente para mezclar.
5 Agregar la yema de huevo, el queso rallado y la nuez moscada. Mezclar bien con un tenedor.
6 Estirar la masa hasta que esté lo más delgada posible y hacer los *tortelloni* según se muestra en la página 42. Distribuirlos sobre un paño de cocina limpio.

LA SALSA

1 Poner 4 litros de agua a hervir en una olla grande a fuego fuerte.
2 Pasar la salsa de *Mantequilla y tomate* por un molinillo de alimentos o por un cedazo. Calentar en una sartén a fuego entre mediano y bajo hasta que comience a hervir.
3 Agregar la crema, levantar a fuego mediano y cocinar hasta que la salsa se espese lo suficiente como para cubrir el fondo de una cuchara de metal: 2-3 minutos. Sacar del fuego.

4 Cuando el agua de la pasta esté hirviendo, agregar 1 cucharada de sal y 1 de aceite de oliva, y echar la pasta con la ayuda del paño de cocina en que estaba apoyada.
5 Cuando los bordes sellados de los *tortelloni* estén cocidos *al dente*, colarlos y pasarlos a una fuente para servir. Verter la salsa sobre ellos, espolvorear con el queso rallado y mezclar con suavidad hasta que la pasta quede bien cubierta. Servir de inmediato.

TORTELLI ALLA FERRARESE

Cuadrados de Pasta Rellenos con Batata/Camote

Los tortelli *con batata/camote son una especialidad de Ferrara en Emilia-Romana. La salsa que más me gusta para este plato es la de mantequilla y salvia, pero mantequilla sola también funciona muy bien.*

INGREDIENTES

LOS TORTELLI

250g de batatas/camotes anaranjados
aceite vegetal para pintar
3 cucharadas de jamón *bien picado*
1 yema de huevo
125g de queso parmesano rallado
3 cucharadas de perejil de hoja plana bien picado
1/8 cucharadita de nuez moscada rallada en el momento
sal y pimienta negra molida en el momento
masa para pasta hecha con 2 huevos (ver página 36)

LA SALSA

2 cucharadas de hojas de salvia fresca cortada en tiritas finas (opcional)
90g de manteca/mantequilla, cortada en trozos pequeños
60g de queso parmesano rallado

PREPARACION

LOS TORTELLI

1 Calentar el horno a 200°C.
2 Pintar las batatas con aceite vegetal y colocarlas en el horno sobre una plancha para hornear. Cocinar hasta que estén bien tiernas y la piel comience a separarse (el tiempo de cocción varía según el tamaño de las batatas). Retirar del horno y pelar no bien estén suficientemente frías como para tocar.
3 Pasarlas por un molinillo de alimentos o hacerlas puré con un procesador. Dejar que se enfríen por completo en un recipiente para mezclar.
4 Agregar el *jamón,* la yema de huevo, el queso rallado, el perejil y la nuez moscada, sazonar con sal y pimienta negra, y mezclar bien con un tenedor.

Se puede preparar el relleno con un día de anticipación y refrigerarlo.

5 Estirar la masa hasta que quede lo más delgada posible y hacer los *tortelli* rellenos siguiendo las instrucciones para los *tortelloni* en la página 42. Distribuirlos sobre un paño de cocina limpio.

LA SALSA

1 Poner 4 litros de agua a hervir en una olla grande a fuego fuerte.

2 Derretir la mantequilla en una sartén pequeña a fuego moderado. Sazonar ligeramente con sal y pimienta negra. Retirar del fuego y dejar a un costado, o, si se usa salvia, incorporarla en este momento, cocinar 1-2 minutos hasta que la mantequilla comience a oscurecerse y luego dejar a un costado.

3 Cuando el agua de la pasta esté hirviendo, agregar 1 cucharada de sal y 1 de aceite de oliva, y echar la pasta con la ayuda del paño de cocina en que estaba apoyada.

4 Cuando los bordes sellados de los *tortelli* estén cocidos *al dente*, colar y pasar a una fuente para servir. Verter la salsa sobre ellos y mezclar con suavidad hasta que la pasta esté cubierta, agregando el queso rallado. Servir de inmediato.

ROTOLO DI PASTA

Rollo de Pasta al Horno Relleno con Espinaca

Este plato elegante y delicioso proviene de la región de Emilia-Romagna y es una receta que aprendí de mi madre. Es perfecto para una fiesta porque se lo puede preparar con anticipación hasta el momento de ir al horno.

INGREDIENTES

EL ROTOLO

1kg de espinaca fresca o 600g de espinaca descongelada
sal
60g de manteca/mantequilla
4 cucharadas de cebolla bien picada
60g de jamón *bien picado*
200g de ricota entera
150g de queso parmesano rallado
1 pizca de nuez moscada rallada en el momento
1 yema de huevo
masa para pasta hecha con 2 huevos (ver página 36)

LA SALSA

1/2 de la cantidad de la salsa béchamel (ver página 142)
1/2 de la cantidad de la salsa de Mantequilla y Tomate (ver página 52), hecha con anticipación

PREPARACION

EL ROTOLO

1 Si se usa espinaca fresca, quitar las pencas y lavar las hojas con agua fría varias veces. Colocarlas en una sartén a fuego entre moderado y fuerte, con 1/2 cucharada de sal y el agua que retuvieron después del lavado. Tapar y cocinar hasta que las hojas estén tiernas: 8-10 minutos. Si se usa espinaca descongelada, cocinar durante 3 minutos en agua

hirviendo con sal suficiente para cubrir la verdura. Colar y, cuando esté fría como para tocar, quitar el exceso de agua y cortar en tiras grandes.

2 Derretir la mantequilla en una sartén a fuego moderado. Agregar la cebolla y cocinar hasta que esté tierna y de un profundo color dorado. Incorporar el *jamón* y saltear durante 1 minuto más. Agregar la espinaca y saltear durante otros 3 minutos (no hay que preocuparse si la espinaca absorbe toda la manteca). Pasar a un recipiente para mezclar y dejar que se enfríe.

3 Agregar la *ricota,* todo el queso rallado menos 4 cucharadas, la nuez moscada y la yema de huevo. Mezclar con un tenedor y luego amasar con las manos para que se amalgamen los ingredientes. Probar la sal y dejar a un costado.

4 Estirar la masa, a mano o a máquina. Cortar la pasta amasada a mano en un rectángulo de 40 x 30 cm. Si se usa pasta amasada a máquina, colocar 3 tiras de aproximadamente 40cm de largo, una al lado de la otra, ligeramente superpuestas. Humedecer los bordes superpuestos con agua y sellarlos juntos.

5 Con una espátula de goma, desparramar el relleno de espinaca sobre la masa. No tiene que superar los 3 mm de espesor. Dejar 1 cm sin relleno en todos los bordes. Enrollar la pasta con el relleno como si fuera un rollo suizo, apretar las puntas para que se cierren y luego envolverlo en muselina o género liviano atando los extremos con un hilo.

6 Poner 4 litros de agua a hervir en una olla grande. Agregar 1 cucharada de sal y sumergir con suavidad el rollo. Cocinarlo 20 minutos en el agua hirviendo a temperatura estable. Luego sacarlo con cuidado usando pinzas o dos cucharas grandes, retirar el envoltorio, y dejar que se enfríe.

COMO ARMARLO Y HORNEARLO

1 Hacer una salsa béchamel según la receta que aparece en la página 142. Mezclarla con la salsa de *Mantequilla y tomate.*

2 Calentar el horno a 200°C, a menos que se prepare el plato para cocinarlo después.

3 Cortar el rollo frío en rodajas de 1 cm con un cuchillo afilado.

4 Distribuir un poco de mezcla de salsa béchamel y de tomate en el fondo de una fuente para horno poco profunda. Colocar encima las rodajas de rollo, superponiéndolas si es necesario.

5 Cubrir las rodajas de pasta con el resto de la mezcla de béchamel y tomate. Espolvorear con queso rallado.

 Se puede preparar el plato con anticipación hasta este punto y hornear después.

6 Colocar en la parte superior del horno caliente. Hornear durante 15-20 minutos o hasta que se forme una capa dorada en la superficie. Retirar del horno y dejar que repose 10 minutos antes de

Lasagne coi gamberi
e canestrelli
(pág. 142)

Rotolo di pasta
(pág. 139)

**Tortelli alla ferrarese
con salsa de mantequilla y salvia**
(pág. 138)

LASAGNE COI GAMBERI E CANESTRELLI

Lasagne con Camarones y Ostiones

INGREDIENTES

*45ml (3 cucharadas) de aceite de oliva extra virgen
4 cucharadas de cebolla bien picada
1 cucharadita de ajo bien picado
1 cucharada de perejil de hoja plana bien picado
250g de ostiones, cortados en trozos de 6mm
250g de camarones medianos crudos, pelados,
desnervados, si es necesario, y cortados en trozos de 6mm
sal y pimienta negra molida en el momento
cantidad total de salsa béchamel (ver a la derecha)
masa para pasta hecha con 2 huevos (ver página 36)*

PREPARACION

1 Poner el aceite de oliva y la cebolla en una sartén a fuego moderado y cocinar hasta que la cebolla esté tierna y de un profundo color dorado. Agregar el ajo y el perejil y cocinar un minuto más.
2 Levantar a fuego entre moderado y fuerte y agregar los ostiones. Cuando ya no estén transparentes y se haya evaporado toda el agua que sueltan (1 minuto aproximadamente), agregar los camarones, sazonar con sal y pimienta negra y cocinar hasta que se vuelvan rosados. Retirar del fuego.

COMO ARMAR Y HORNEAR EL PLATO

1 Hacer la salsa béchamel según la receta que aparece a la derecha.
2 Poner 4 litros de agua en una olla grande a fuego fuerte. Colocar un recipiente grande con agua fría, hielo y una pizca de sal cerca de la hornalla y distribuir algunos paños de cocina limpios y secos.
3 Estirar la masa hasta que quede lo más delgada posible. Cortarla en tiras de 10cm de ancho y un poco más cortas que el tamaño de la fuente para horno que va a usarse.
4 Cuando el agua esté hirviendo, agregar 1 cucharada de sal. Echar 4 planchas de pasta al mismo tiempo. Cocinar muy poco (1 minuto aproximadamente) y sacarlas con una espumadera mientras estén muy *al dente*. Colocarlas en el agua fría con hielo. Revolver para quitarles el exceso de almidón y depositarlas separadas sobre el paño de cocina. Secarlas con golpecitos ligeros. Seguir cocinando el resto de la pasta.
5 Calentar el horno a 200°C.
6 Untar el fondo de una fuente para hornear con un poco de salsa béchamel y mezclar el resto de la salsa con los mariscos. Cubrir el fondo de la fuente con una capa de tiras de pasta y untarlas con la mezcla de béchamel y mariscos hasta cubrirlas por completo.

7 Seguir poniendo capas de pasta y de mezcla hasta que haya, por lo menos, 5 capas. Terminar con una capa delgada de salsa sobre la última capa de pasta.
8 Colocar en la parte superior del horno. Hornear durante 15-20 minutos o hasta que se dore la capa de arriba. Retirar del horno y dejar reposar 10 minutos antes de servir.

BALSAMELLA

Salsa Béchamel

INGREDIENTES

*500ml de leche entera
60g de manteca/mantequilla
4 cucharadas soperas al ras de harina común
sal y pimienta negra o blanca molida en el momento*

PREPARACION

1 Calentar la leche hasta que hierva. Retirar del fuego.
2 Mientras tanto, derretir la manteca en una sartén de fondo pesado a fuego entre mediano y lento. Espolvorear con la harina, mezclando con un batidor de alambre hasta que esté bien incorporada.
3 Comenzar a agregar la leche caliente, unas pocas cucharadas por vez, cuidando de que todo esté bien mezclado antes de agregar más. Cuando la consistencia esté bastante líquida, comenzar a agregar la leche con más rapidez. Seguir hasta que se haya incorporado toda la leche.
4 Continuar cocinando a fuego entre moderado y bajo, revolviendo constantemente con el batidor, hasta que la salsa comience a espesarse. La salsa estará hecha cuando se mantenga adherida al batidor. Sazonar con sal y pimienta blanca o negra antes de sacar del fuego. Es mejor usarla el mismo día que se hace, pero se puede mantener por una noche en el refrigerador.

LASAGNE ALLE ZUCCHINE

Lasagne con Zapallitos/Calabacitas/Ahuyama

INGREDIENTES

1,3kg de zapallitos/calabacitas/ahuyama
(2 cucharadas) de aceite de oliva extra virgen
30g de manteca/mantequilla
1 cucharadita de ajo bien picado
1 cucharada de perejil de hoja plana bien picado
1/2 cucharadita de tomillo fresco bien picado o 1/4 de tomillo disecado
sal y pimienta negra molida en el momento
1 vez y 1/2 la cantidad de salsa béchamel (ver página anterior)
1/8 cucharadita de nuez moscada rallada en el momento
90g de queso parmesano rallado
masa para pasta hecha con 2 huevos (ver página 36)

PREPARACION

1 Pelar los zapallitos y cortarlos a lo largo por la mitad. Dejar el lado del corte hacia abajo y cortar a través de modo que queden semicírculos de 6mm de ancho.

2 Poner el aceite de oliva, la mantequilla y el ajo en una sartén grande a fuego entre moderado y lento. Cuando el ajo comience a cambiar de color, agregar el perejil y el tomillo y revolver bien.

3 Incorporar los zapallitos, sazonar con sal y pimienta negra y seguir cocinando, revolviendo cada tanto, hasta que estén tiernos y un poco dorados. Con una espumadera retirar los zapallitos y la mezcla de hierbas y dejar a un costado.

4 Hacer la salsa béchamel según la receta (ver página anterior). Colocar cuatro quintos en un recipiente, agregar la mezcla de zapallitos y hierbas, la nuez moscada y 60g de queso rallado, y revolver.

COMO ARMAR Y HORNEAR EL PLATO

1 Estirar, cortar y cocinar la masa siguiendo las instrucciones para las *Lasagne coi gamberi e canestrelli*, en la página anterior (pasos 2 a 4).

2 Calentar el horno a 200°C.

3 Untar el fondo de una fuente para horno con la mitad de la salsa béchamel que queda y colocar encima una capa de pasta. Cubrir la pasta con una capa delgada de la salsa béchamel con zapallitos.

4 Seguir construyendo capas de pasta y de salsa hasta que haya por lo menos 5. Untar con el resto de béchamel y de salsa la última capa de pasta de modo que se vean trozos de zapallitos. Espolvorear con el resto del queso rallado.

5 Colocar en la parte superior del horno. Hornear durante 15-20 minutos o hasta que se forme una capa dorada. Retirar del horno y dejar que repose 10 minutos antes de servir.

LASAGNE ALLA BOLOGNESE

Lasagne con Salsa Boloñesa de Carne

INGREDIENTES

cantidad total de salsa Ragu, hecha con anticipación (ver página 62)
1 vez y 1/2 la cantidad de salsa béchamel (ver página anterior)
masa para pasta hecha con 2 huevos (ver página 36)
sal
90g de queso parmesano rallado
30g de manteca/mantequilla

PREPARACION

1 Colocar la salsa *Ragu* en un recipiente para mezclar.

2 Hacer la salsa béchamel según la receta (ver página anterior).

COMO ARMAR Y HORNEAR EL PLATO

1 Estirar, cortar y cocinar la masa, siguiendo las instrucciones para las *Lasagne coi gamberi e canestrelli*, en la página anterior (pasos 2 a 4).

2 Calentar el horno a 200°C, a menos que se arme el plato con anticipación para cocinarlo después.

3 Untar el fondo de una fuente para horno con la salsa béchamel y colocar una capa de pasta. Mezclar el resto de la béchamel con la salsa de carne y distribuir sobre la pasta.

4 Seguir construyendo capas de pasta y salsa hasta que haya por lo menos 5. Colocar una delgada capa de salsa sobre todas las demás. Espolvorear con el queso rallado y poner trocitos de manteca.

 Se puede armar el plato con anticipación y refrigerarlo hasta por dos días.

5 Colocar en la parte superior del horno. Hornear durante 15-20 minutos o hasta que se forme una capa dorada. Retirar del horno y dejar reposar 10 minutos antes de servir.

COMO ARMAR Y HORNEAR LOS *CANNELLONI*

1 Hacer la salsa béchamel según la receta (ver página 142).

2 Calentar el horno a 200°C.

3 Estirar, cortar y cocinar la masa, siguiendo las instrucciones dadas para los *Cannelloni di carne* (ver pasos 3 a 5 en la página siguiente).

4 Colocar una delgada capa de relleno de tomate y queso en cada rectángulo, dejando libres 6mm en todos los bordes. Enrollar los *cannelloni* al modo de rollo suizo.

5 Untar la base de una fuente para hornear de tamaño adecuado con un poco de salsa béchamel y acomodar los *cannelloni* sin superponer (si es necesario usar dos fuentes). Cubrir la parte superior de los *cannelloni* con el resto de salsa béchamel, asegurándose de que toda la pasta quede bien cubierta. Espolvorear con queso rallado.

6 Colocar en la parte superior del horno. Hornear unos 15-20 minutos o hasta que se haya formado una capa dorada. Retirar del horno y dejar reposar 10 minutos antes de servir.

CANNELLONI ALLA SORRENTINA

Cannelloni Rellenos con Tomates Frescos, Mozzarella y Albahaca

INGREDIENTES

30g de manteca/mantequilla
2 cucharadas de cebolla bien picada
700g de tomates frescos y maduros, pelados, sin semillas y cortados en dados de 6mm
sal y pimienta negra molida en el momento
2 cucharadas de albahaca fresca cortada en tiritas
125g de mozzarella *fresca*
100g de ricota entera
1/2 de la cantidad de salsa béchamel (ver página 142)
masa para pasta hecha con 2 huevos (ver página 36)
4 cucharadas de queso parmesano rallado

PREPARACION

1 Derretir la mantequilla en una sartén a fuego moderado. Agregar la cebolla y cocinar hasta que esté tierna y de un profundo color dorado.

2 Levantar a fuego entre moderado y fuerte, agregar los tomates, sazonar con sal y pimienta negra y cocinar hasta que los tomates se hayan reducido y separado de la manteca: unos 10-15 minutos.

3 Incorporar la albahaca, cocinar otros 2 minutos y luego retirar del fuego. Pasar el contenido de la sartén a un recipiente para mezclar.

4 Mientras la mezcla de tomate y albahaca esté todavía tibia, agregar la *mozzarella* y la *ricota*. Combinar con un tenedor y probar la sal y la pimienta.

CANNELLONI DI CARNE

Cannelloni Rellenos de Carne

Esta es una especialidad de Lombardía en el norte de Italia. Prepararlos lleva tiempo, pero es bastante simple. Los cannelloni *no deben ser tubos, sino rectángulos de pasta casera que se untan con relleno y se enrollan. Esta receta respeta la manera de hacerlos de mi madre.*

INGREDIENTES

60g de manteca/mantequilla
3 cucharadas de cebolla bien picada
350g de carne picada magra
sal y pimienta negra molida en el momento
250g de tomates en lata enteros y pelados, con su jugo, cortados en trozos grandes
100g de mortadela bien picada
1 yema de huevo
1/8 cucharadita de nuez moscada rallada en el momento
275g de ricota entera
150g de queso parmesano rallado
cantidad total de salsa béchamel (ver página 142)
masa para pasta hecha con 2 huevos (ver página 36)

PREPARACION

1 Poner 30g de mantequilla en cada una de las dos sartenes y derretir a fuego moderado. Dividir la cebolla entre las dos sartenes y saltear hasta que adquieran un tono dorado.

2 Dividir la carne picada entre las dos sartenes y cocinar, separando con cuchara de madera, hasta que haya perdido su color a crudo. Agregar sal y pimienta negra.

3 Agregar los tomates a una de las sartenes y, no bien comiencen a hervir, reducir a fuego muy lento. Cocinar hasta que los tomates se hayan consumido y separado de la mantequilla: unos 35-45 minutos. (Esta es la salsa de carne.)

4 Cocinar la carne de la otra sartén unos pocos minutos después de que haya perdido su color a crudo, y luego sacar del fuego. Retirar la carne de la sartén con una espumadera y colocarla en un recipiente para mezclar.

5 Cuando la carne en el recipiente esté completamente fría, agregar la *mortadela,* la yema de huevo, la nuez moscada, la *ricota* y 125g de queso rallado. Mezclar bien con un tenedor. (Este es el relleno.)

 Se puede preparar el relleno y la salsa de carne con un día de anticipación y refrigerar.

COMO ARMAR Y HORNEAR LOS *CANNELLONI*

1 Hacer la salsa béchamel según la receta (ver página 142), reduciendo el tiempo de cocción, para lograr una salsa menos espesa.

2 Calentar el horno a 200°C.

3 Colocar 4 litros de agua en una olla grande a fuego fuerte. Ubicar un recipiente grande con agua fría, hielo y una pizca de sal, cerca de la hornalla y distribuir varios paños de cocina limpios y secos sobre la mesa de trabajo.

4 Estirar la masa hasta que quede lo más delgada posible y cortarla en rectángulos de 7,5 x 10 cm.

5 Cuando el agua esté hirviendo, agregar 1 cucharada de sal y echar tantos rectángulos de pasta como puedan flotar cómodamente en el agua. Cocinar muy poco tiempo (unos 30 segundos), sacarlos y colocarlos en el agua con hielo. Una vez que todos los rectángulos estén cocidos, moverlos un poco en el agua con hielo y sacarlos con una espumadera. Colocarlos sin superponerlos en los paños de cocina. Secarlos con golpecitos ligeros.

6 Agregar al relleno unas 6 cucharadas de salsa béchamel, mezclando bien. Distribuir una capa delgada de relleno sobre cada rectángulo, dejando un borde de 6 cm alrededor. Enrollar los *cannelloni* a la manera de un rollo suizo.

7 Untar el fondo de una fuente para horno de tamaño adecuado con un poco de salsa béchamel y colocar los *cannelloni* sin superponer (si es necesario usar dos fuentes). Cubrir la parte superior de los *cannelloni* con la salsa de carne y el resto de la salsa béchamel, asegurándose de que toda la pasta quede bien cubierta. Espolvorear con el resto del queso rallado.

8 Colocar en la parte superior del horno. Hornear unos 15-20 minutos o hasta que se forme arriba una capa dorada. Retirar del horno y dejar reposar 10 minutos antes de servir.

PIZZA DI MACCHERONI

"Pizza" de Maccheroni con Tomates, Albahaca y Queso Parmesano

Este plato inusual es una especialidad del restaurante Principe en Pompeya. En general se come frío, pero descubrí que también es bueno tibio.

INGREDIENTES

Para 400g de *maccheroni*

60ml (4 cucharadas) de aceite de oliva extra virgen
1/2 cucharadita de ajo bien picado
700g de tomates frescos y maduros, cortados en dados de 6mm
sal y pimienta negra molida en el momento
60g de queso parmesano rallado
2 huevos
30g de manteca/mantequilla

PREPARACION

1 Poner 4 litros de agua en una olla grande a fuego fuerte.

2 Poner el aceite de oliva y el ajo en una sartén a fuego entre mediano y fuerte y cocinar hasta que el ajo comience a cambiar de color.

3 Incorporar los tomates y cocinar hasta que se hayan reducido y separado del aceite: 10-15 minutos. Sazonar con sal y pimienta negra, retirar del fuego y pasar a un recipiente lo suficientemente grande como para que después entre la pasta.

4 Cuando el agua para la pasta esté hirviendo, agregar 1 cucharada de sal y echar la pasta toda de una vez, revolviendo bien.

5 Cuando la pasta esté *molto al dente* (aproximadamente 1 minuto antes de estar *al dente*), colar y mezclar con la salsa. Incorporar el queso rallado y dejar que la pasta se enfríe.

6 Batir los huevos y mezclarlos con la pasta.

7 Derretir la mantequilla a fuego moderado en una sartén grande que no permita que la mezcla se pegue. Dejar que la mantequilla haga espuma. Cuando la espuma comience a desaparecer, volcar la mezcla de pasta, apretando con una cuchara hasta que quede bastante compacta. Cocinar hasta que se forme una capa dorada oscura en la parte de abajo.

8 Retirar del fuego, colocar un plato playo dado vuelta sobre la sartén y dar vuelta la sartén, permitiendo así que la "pizza" se apoye en el plato. Se puede esperar que la "pizza" se enfríe por completo antes de servir, o probarla tibia.

También se puede servir con: *penne, elicoidali*

RIGATONI AL FORNO AI PORCINI

Rigatoni al Horno con Hongos Secos

INGREDIENTES

Para 400g de *rigatoni*

30g de hongos secos
60g de manteca/mantequilla, y un poco más para enmantecar la fuente
30ml (2 cucharadas) de aceite vegetal
6 cucharadas de cebolla bien picada
125g de tomates en lata enteros y pelados, con su jugo, cortados en trozos grandes
500g de hongos blancos/champiñones frescos, cortados en rodajas finas
2 cucharadas de perejil de hoja plana bien picado
sal y pimienta negra molida en el momento
2/3 de la cantidad de salsa béchamel (ver página 142)
6 cucharadas de queso parmesano rallado

PREPARACION

1 Remojar los *hongos* secos en un recipiente con 250ml de agua tibia durantes 20 minutos, por lo menos. Sacarlos, escurrir el exceso de agua en el mismo recipiente. Enjuagarlos bajo el chorro de agua fría y cortarlos en trozos grandes. Filtrar el agua en que estuvieron sumergidos con un papel absorbente o un filtro de café y dejar a un costado.

2 Poner 45g de mantequilla, todo el aceite y la cebolla en una sartén grande a fuego moderado y saltear hasta que la cebolla esté tierna y de un profundo color dorado. Incorporar los tomates y los *hongos* con el agua filtrada.

3 Levantar a fuego entre mediano y fuerte, agregar los hongos frescos y el perejil y sazonar con sal y pimienta negra. Cocinar hasta que el agua que sueltan los hongos se haya evaporado. Pasar a un recipiente para mezclar.

4 Hacer la salsa béchamel según las instrucciones (ver página 142). Agregar a los hongos y mezclar bien.

5 Calentar el horno a 200°C.

6 Poner 4 litros de agua a hervir en una olla grande. Agregar 1 cucharada de sal y echar la pasta toda de una vez, revolviendo bien.

7 Cuando la pasta esté *molto al dente* (aproximadamente 1 minuto antes de estar *al dente*), colar y mezclar con la salsa y 4 cucharadas de queso rallado. Pasar a una fuente para horno enmantecada y cubrir con el resto del queso y la mantequilla.

8 Colocar en la parte superior del horno. Hornear unos 15-20 minutos o hasta que se haya formado arriba una capa dorada. Retirar del horno y dejar reposar 10 minutos antes de servir.

MACCHERONI AL FORNO ALLA RUSTICA

Maccheroni al Horno con Berenjena y Mozzarella Ahumada

INGREDIENTES

Para 400g de *maccheroni*

aceite vegetal
1 berenjena, pelada y cortada en rodajas de 6mm de ancho
sal
60g de manteca/mantequilla, y un poco más para enmantecar la fuente
125g de cebolla cortada en rodajas finas
350g de tomates en lata enteros y pelados, con su jugo, cortados en trozos grandes
pimienta negra molida en el momento
4 cucharadas de queso parmesano rallado
125g de mozzarella ahumada (usar fresca si no hay ahumada), cortada en rodajas muy finas

PREPARACION

1 Colocar aceite vegetal en una sartén hasta que alcance 1 cm de profundidad. Colocar a fuego fuerte. Una vez que esté bien caliente, deslizar con cuidado las rodajas de berenjena, tantas como entren con comodidad. Cuando la parte inferior adquiera un profundo tono dorado, darlas vuelta, y cuando los dos lados estén dorados, retirar de la sartén y pasar a una fuente cubierta con papel absorbente. Seguir friendo hasta terminar con la berenjena. Rociar con sal.

2 Poner 4 litros de agua en una olla grande a fuego fuerte.

3 Derretir la mantequilla en otra sartén a fuego moderado. Agregar la cebolla y cocinar hasta que esté tierna y de un profundo color dorado.

4 Agregar los tomates, sazonar con sal y pimienta negra y cocinar hasta que los tomates se hayan reducido y separado de la mantequilla. Retirar del fuego y dejar a un costado.

5 Calentar el horno a 200°C.

6 Cuando el agua de la pasta esté hirviendo, agregar 1 cucharada de sal y echar la pasta toda de una vez, revolviendo bien.

7 Cuando la pasta esté *molto al dente* (aproximadamente 1 minuto antes de estar *al dente*), colar y mezclar con la salsa y el queso *parmesano* rallado.

8 Enmantecar una fuente para horno de poca profundidad y volcar la mitad de la pasta, distribuida en forma pareja. Cubrir con las rodajas de berenjena y la mitad de las rodajas de *mozzarella*. Colocar el resto de la pasta y, arriba, el resto de las rodajas de *mozzarella*.

9 Colocar en la parte superior del horno. Hornear 15-20 minutos o hasta que se forme arriba una capa dorada. Retirar del horno y dejar reposar 10 minutos antes de servir.

Maccheroni al forno alla rustica

TORTA RICCIOLINA

Cabello de Angel y Pastel de Almendras

Esta es una receta que mi madre aprendió de una amiga nuestra, Margherita Simili, que es una fabulosa pastelera de Boloña. El pastel pretende parecerse a fideos con salsa boloñesa de carne: la mezcla de almendras cubiertas de cacao representa a la carne. El postre no es sólo interesante, sino un excelente pastel húmedo, que vale la pena hacer. La receta original requiere limón abrillantado, que nunca me ha gustado demasiado, por eso lo he sustituido por naranjas abrillantadas caseras, que me parecen más sabrosas.

INGREDIENTES

NARANJAS ABRILLANTADAS

1 naranja sin pelar, sin las puntas, sin semillas, cortada transversalmente
75g de azúcar granulada, y un poco más según se necesite

MASA DEL PASTEL

175g de harina común
6 cucharadas al ras de azúcar impalpable/glass
sal
2 yemas de huevo
90g de manteca/mantequilla, cortada en trozos pequeños y ablandada a temperatura ambiente, y un poco más para enmantecar el molde

RELLENO

200g de almendras blancas
150g de azúcar granulada
1 cucharadita de cacao amargo de buena calidad
1/2 cucharadita de ralladura de limón
masa para pasta hecha con 2 huevos (ver página 36)
125g de manteca/mantequilla
60ml (4 cucharadas) de ron

PREPARACION

NARANJAS ABRILLANTADAS

1 Colocar los trozos de naranja, el azúcar y 60ml (4 cucharadas) de agua en una sartén lo suficientemente grande como para que entren casi sin superponerse. Cocinar a fuego entre mediano y lento durante 15-20 minutos hasta que el hollejo de la naranja se vuelva transparente y tierno. Agregar más agua si es necesario.

2 Cuando las naranjas estén hechas, seguir cocinando hasta que el agua se haya evaporado y el azúcar haya formado un almíbar espeso, cubriendo las rodajas para darles un aspecto brillante.

3 Poner azúcar en un plato lo suficientemente grande como para que entren todas las rodajas de naranja sin superponerse (usar 2 platos si es necesario). Dejar las rodajas en el azúcar y cubrirlas con más azúcar. Dejar que se enfríen por completo.

 Se pueden preparar las naranjas con varios días de anticipación y refrigerarlas.

MASA DEL PASTEL

1 Mezclar la harina, el azúcar impalpable, y 1 pizca de sal en una tabla de pastelero u otra superficie de trabajo. Formar una corona con la mezcla de harina.

2 Poner en el centro las yemas de huevo y la mantequilla y mezclar la harina con la mano hasta obtener una masa suave. Envolver en película autoadherente y refrigerar durante 1 hora.

COMO ARMAR Y HORNEAR EL PASTEL

1 Poner las almendras, las rodajas de naranjas y el azúcar granulada en un procesador de alimentos y picar hasta que tengan una consistencia bastante fina. Pasar a un recipiente para mezclar y agregar el cacao y la ralladura de limón.

2 Calentar el horno a 190°C.

3 Enmantecar ligeramente un molde de 20 cm, espolvorear con harina y golpearlo un poco dado vuelta, para eliminar el exceso de harina.

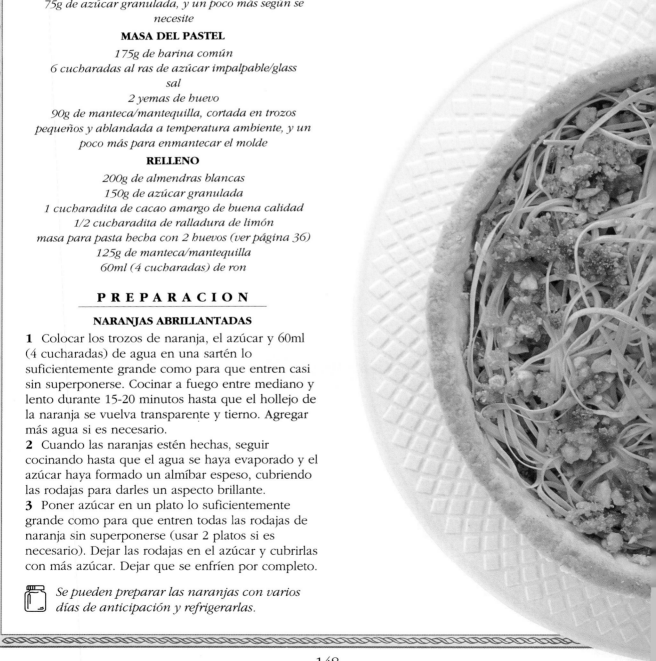

4 Espolvorear la superficie de trabajo con harina y estirar la masa en un círculo grande de aproximadamente 6mm de ancho. Con el palo de amasar, levantar la masa y colocarla en el molde, dejando que cubra el fondo y los costados. Recortar la masa a la altura del borde del molde. (Si la masa se rompe, se la puede unir y seguirá teniendo buen sabor.)

5 Estirar la masa para pasta hasta que quede lo más delgada posible. Cuando esté lo suficientemente seca, enrollarla y cortarla en fideos que sean lo más angostos posibles (siguiendo las instrucciones de la página 40). Separar los fideos para impedir que se peguen y pasar rápido al paso siguiente antes de que se sequen por completo.

6 Poner una tercera parte de los fideos en el molde, dejándolos separados y sin orden. Dejar aparte 6 cucharadas de la mezcla de almendras y colocar la mitad de lo que queda sobre la pasta. Colocar un tercio de la mantequilla cortada en pequeños trozos. Poner otro tercio de la pasta, y cubrir con la otra mitad de la mezcla de almendras y un tercio de pequeños trocitos de mantequilla. Agregar el resto de la pasta, cubrir con la mezcla de almendras que había quedado separada y el resto de la mantequilla en trozos pequeños.

7 Colocar el pastel en la parte superior del horno. Después de 15 minutos retirarlo y cubrirlo con papel para hornear o papel de aluminio. Volver a colocarlo en el horno durante 25 minutos más.

8 Sacar el pastel, quitar el papel y rociar de inmediato con el ron. Dejar que se enfríe por completo antes de servir. Refrigerado, se puede mantener hasta 10 días.

PREPARACIÓN DE LAS VERDURAS

Estas son las técnicas básicas para pelar, cortar, cortar en dados y picar verduras. Los cuchillos elegidos deben tener una hoja afilada. Si la hoja está desafilada hay que usar más fuerza y eso disminuye el control. Los dedos deben mantenerse doblados y alejados del cuchillo.

COMO PELAR UN PIMIENTO FRESCO

1 Cortar el pimiento al medio siguiendo uno de sus canales. Con un movimiento circular, cortar el tallo y el centro. Terminar el corte hacia abajo, para eliminar las semillas.

2 Cortar siguiendo los canales cada una de las mitades del pimiento. Esto permite cortar el meollo interior y brinda una superficie pareja donde resulta más fácil usar el instrumento para pelar.

3 Usar un instrumento para pelar de hoja giratoria. Mover como si se tratara de una sierra de lado a lado. Primero se pela la parte superior de cada trozo y luego se quita el resto de la piel yendo hacia abajo.

COMO CORTAR UN ZAPALLITO/CALABACITA

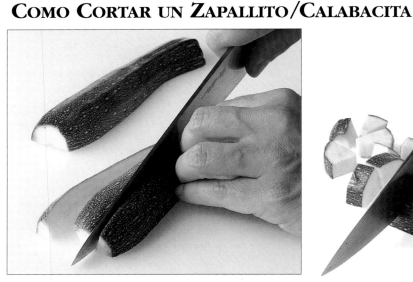

1 Quitar los dos extremos del zapallito y cortarlo al medio a lo largo. Colocarlo el corte hacia abajo y, con la punta de la hoja del cuchillo, cortar bastones largos.

2 Mantener los bastones juntos y cortarlos transversalmente en trozos pequeños. Apoyar la hoja del cuchillo contra los nudillos y doblar los dedos para alejarlos del cuchillo.

COMO CORTAR EN DADOS UNA ZANAHORIA

 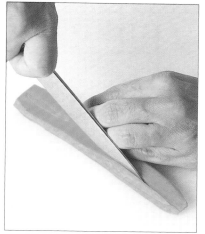 

1 Apoyar sobre la superficie de trabajo una zanahoria pelada y cortarla horizontalmente en tres o cuatro rodajas, según el espesor de la zanahoria.

2 Colocar dos o más rodajas juntas y cortarlas en bastones largos, sosteniendo la zanahoria con los dedos doblados y alejados de la hoja del cuchillo.

3 Poner los bastones uno al lado del otro y cortarlos transversalmente en pequeños dados. Mantener los dedos doblados y la hoja del cuchillo apoyada en los nudillos.

COMO PELAR UN TOMATE

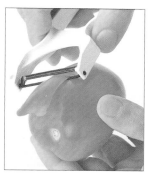

1 Usar un instrumento para pelar de hoja rotativa. Mover como si se tratara de una sierra de un lado a otro, al mismo tiempo que se pela hacia abajo.

2 Cortar el tomate al medio. Quitarles las semillas con el pulgar y tirarlas. Cortar la pulpa del tomate en trozos grandes.

COMO PICAR UNA CEBOLLA

1 Quitar los dos extremos a la cebolla y cortarla al medio desde la parte superior a la inferior. Retirar la piel. Cortar a lo largo, hacia abajo, dejando el extremo de la raíz intacto.

2 Cortar transversalmente hasta alcanzar el extremo que está intacto. Picar el último trozo y luego picar toda la cebolla junta, tan fina como sea necesario.

CONSEJOS

• Se puede cortar en dados un tallo de apio con la misma técnica que se usa con la zanahoria. Primero, pelar la parte exterior del tallo y quitar los hilos más gruesos. Aplastar el tallo, presionándolo con la mano contra la superficie de trabajo.

• Para cortar un hongo en dados, retirar la cabeza del tallo. Apoyar la cabeza contra la superficie de trabajo y hacer dos o tres cortes paralelos. Juntarlos con los dedos, hacer un cuarto de giro y cortar dos o tres veces más. Cortar el tallo en trozos del mismo tamaño.

LA ALACENA

Los ingredientes que aparecen en esta página y la siguiente se encuentran en la cocina bien provista de cualquier amante de las pastas. Si arma una alacena con estos ítems, nunca tendrá problemas para preparar una comida rápida y gratificante, y hasta para preparar una fiesta casi sin aviso. Guarde los ítems en sus paquetes originales, y si es necesario páselos de la despensa al refrigerador una vez que estén abiertos.

<table>
<tr><td colspan="2" align="center">***COMIDAS PARA HACER SIN AVISO***</td></tr>
<tr><td colspan="2" align="center">*Aglio e olio (página 48)*</td></tr>
<tr><td colspan="2" align="center">*Burro e pomodoro (página 52)*</td></tr>
<tr><td colspan="2" align="center">*Pomodoro e Basilico (página 54)*</td></tr>
<tr><td colspan="2" align="center">*Arrabbiata (página 56)*</td></tr>
<tr><td colspan="2" align="center">*Puttanesca (página 58)*</td></tr>
<tr><td colspan="2" align="center">*Puttanesca bianca (página 89)*</td></tr>
</table>

EN LA DESPENSA

Estos ítems se pueden guardar durante mucho tiempo o se usan con tanta frecuencia que, si se cocina comida italiana con regularidad, nunca se echan a perder. Téngalos guardados junto con una selección de sus pastas secas favoritas.

HARINA "00"

Esta harina se usa en Boloña para hacer pasta. Se exporta a todas partes del mundo y vale la pena buscarla. Si no puede encontrar harina "00", use harina común sin blanquear. También da buenos resultados.

HONGOS SECOS

Los hongos frescos son cada vez más difíciles de encontrar, pero la versión seca está siempre disponible y es una alternativa plena de sabor. Duran para siempre en su paquete original o envueltos en película autoadherente. Busque los paquetes que tengan trozos grandes de hongo entero y tenga cuidado con los más baratos que son principalmente tallos.

AJO

Compre cabezas de ajo fresco y firme y guárdelos en un lugar fresco y seco. Deben conservar su frescura unas dos semanas.

Alcaparras en vinagre

Alcaparras saladas

ALCAPARRAS

Se las encuentra en vinagre de vino o con sal: las saladas son las que tienen el sabor más puro. Refrigérelas después de abrir.

ANCHOAS

Busque filetes planos conservados en aceite de oliva, en lata o frasco, y refrigérelos después de abrir.

NUEZ MOSCADA

Compre nuez moscada entera y rállela en el momento que la necesite. Su sabor es muy fuerte, por lo tanto úsela con cuidado.

ENEBRO

El enebro seco (probablemente más conocido para hacer ginebra) tiene un sabor único que se adapta de maravillas a las carnes contundentes, como el cordero.

AJI/CHILE MOLIDO

No sólo se usa para platos fuertes y picantes, sino también, en pequeñas cantidades, para dar vida a un plato sin hacerlo picante.

Tomillo

Romero

Mejorana

Salvia

Orégano

AZAFRAN

El polvo imparte casi todo el sabor, pero lo más común es encontrarlo en hebras. Píquelas bien antes de usar.

HIERBAS DISECADAS

Si no puede encontrar hierbas frescas, use las disecadas. Estas cinco son las que necesita. Asegúrese de conseguir hojas disecadas, no hierbas molidas.

PURE DE TOMATE

El concentrado es mejor, pero úselo con cautela. El mejor envase para el puré de tomate es un tubo porque permite que el puré salga con facilidad.

TOMATES EN LATA

Los mejores tomates peritas italianos son los de San Marzano. Siempre use los tomates enteros y pelados. Deben tener una textura bastante firme y sabor dulzón sin estar demasiado salados.

TOMATES SECADOS AL SOL

Se los puede encontrar secos o reconstituidos en aceite. Si se compran los secos, remojarlos en agua durante la noche, luego quitar el exceso de agua y conservarlos en aceite de oliva.

VINAGRE BALSAMICO

El verdadero vinagre balsámico debe tener al menos 50 años y un precio exorbitante. Para uso ordinario, compre vinagre balsámico comercial y busque uno de buen sabor, ni demasiado ácido, ni demasiado dulce.

ACEITUNAS

Fuera de Italia, las buenas aceitunas negras son las griegas. Respecto a las verdes, busque las grandes y carnosas que vienen del sur de Italia. Evite las aceitunas descarozadas en lata porque en general son bastante sosas.

ACEITE DE OLIVA

Hay varios grados de aceite de oliva: extra virgen es el grado más alto y puro. El aceite extra virgen se obtiene de la primera presión de las aceitunas y sin usar calor. Recomiendo el uso de aceite de oliva extra virgen y no otra. La calidad de los ingredientes que usa es importante en la cocina italiana pero el aceite de oliva es probablemente el que marca la mayor diferencia en los resultados.

BASICOS
Sal
Pimienta
Cebollas
Pan rallado
Vino blanco

EN EL REFRIGERADOR

No se necesita demasiado espacio o dinero para tener a mano los ingredientes básicos para una gran variedad de salsas. Compre los quesos y la carne en un buen negocio de comidas italianas para asegurarse de que sean auténticos. Compre las hierbas frescas en un negocio que las reponga con frecuencia.

ALBAHACA

Guárdela del mismo modo que el perejil. Espere hasta que la vaya a usar para cortarla porque se marchita y se pone negra con mucha rapidez.

PEREJIL

El perejil de hoja plana se mantiene en un frasco con agua en el refrigerador. Separe las hojas del tallo, lávelas y séquelas antes de picarlas.

BASICOS
Leche
Crema
Crema entera
Mantequilla
Huevos
Zanahorias
Apio
Pimientos

PARMESANO

El verdadero parmesano es un queso de calidad, sabor y textura incomparables, que se ha hecho del mismo modo durante 700 años. Si lo compra en un trozo grande, córtelo en trozos más pequeños, envuélvalos en película auto-adherente y luego en papel de aluminio. Guárdelos en el refrigerador, donde se mantendrán varios meses. Use un trozo por vez y rállelo en el momento de servir.

PECORINO ROMANO

Este es un queso duro, de leche de oveja, estacionado durante un año y usado para rallar. Es más picante que el parmesano, de modo que úselo en cantidades más pequeñas. Guárdelo como el parmesano. También se mantendrá varios meses.

RICOTA

Este es un queso hecho de suero (el residuo que queda al hacer otros quesos) y tiene una textura cremosa y un sabor delicado. La mejor y más cremosa es la importada de Italia. Si no puede conseguir ricota importada, mezcle una pequeña cantidad de crema en la versión del lugar.

TOMATES PERITAS

Los mejores tomates peritas son maduros, rojos y bastante firmes. En general, se los puede encontrar todo el año, pero son mejores en verano.

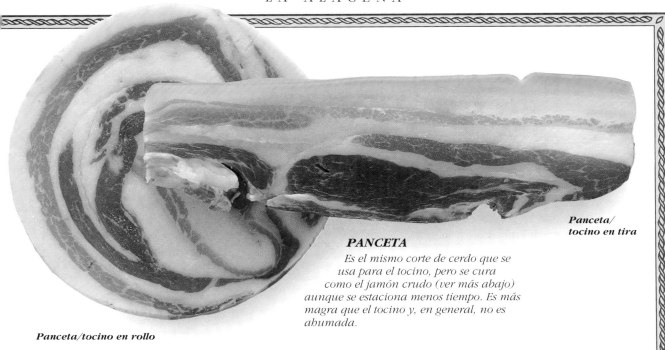

Panceta/ tocino en tira

PANCETA

Es el mismo corte de cerdo que se usa para el tocino, pero se cura como el jamón crudo (ver más abajo) aunque se estaciona menos tiempo. Es más magra que el tocino y, en general, no es ahumada.

Panceta/tocino en rollo

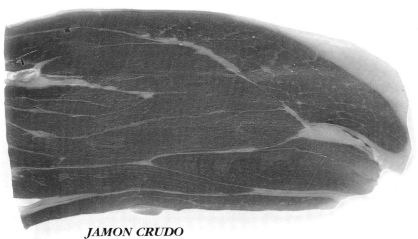

JAMON CRUDO

Este es un jamón curado con aire y sal, que se deja estacionar 1 año. Si no se puede conseguir jamón italiano o es demasiado costoso, busque una versión local que tenga buen sabor y no sea demasiado salada.

SALSAS QUE SE PUEDEN REFRIGERAR

*Arrabbiata
(página 56)*

*Amatriciana
(página 84)*

*Boscaiola
(página 110)*

*Pollo
(página 112)*

*Salmone
(página121)*

*Peperonata
(página 124)*

EN EL FREEZER

Es útil tener siempre espinaca congelada. Es más rápida y más fácil de usar que la fresca para hacer pastas verdes caseras y, con ricota, para hacer rellenos, aunque las hojas frescas son mejores para salsas.

Cuando abunda la albahaca, haga una gran cantidad de *pesto* y congélelo. Las hojas frescas no pueden congelarse y descongelarse con éxito. También se pueden hacer salchichas estilo italiano y congelarlas, ver *Salsiccia di maiale* en la página 116.

Las salsas *Ragu* y *Burro e pomodoro* se congelan bien. Es una buena idea hacer más de lo que se necesita y congelar el resto como reserva. Lo mismo puede hacerse con el *Brodo* (página 130): se puede hacer más de lo que se necesita en cualquier momento y congelar lo que sobra.

SALSAS QUE SE PUEDEN CONGELAR

*Pesto di basilico
(página 50)*

*Burro e pomodoro
(página 52)*

*Ragu
(página 62)*

*Pomodoro
(página 88)*

NOTAS

AL DENTE, MOLTO AL DENTE

Estos términos, importantes para la cocción de pastas, se traducen literalmente como "al diente" y "muy al diente". Ningún italiano cocinará la pasta hasta que esté blanda y pegajosa: la sacará cuando todavía está un poco firme y ofrezca cierta resistencia al morder. La etapa de *molto al dente* es entre 30 y 90 segundos antes de esté *al dente* (según el tipo de pasta). Las recetas piden la pasta *molto al dente* cuando no se la va a comer de inmediato, sino que se terminarán de cocinar en el horno o en la sartén.

ACEITES

En ocasiones, una receta pide aceite vegetal en lugar de aceite de oliva. El aceite de oliva se usa cuando se quiere contribuir al sabor de un plato, pero cuando sólo se necesita aceite para impedir que la mantequilla se queme al freír, lo más adecuado es el aceite vegetal. No vale la pena desperdiciar aceite de oliva extra virgen.

PARMESANO
PARMIGIANO-REGGIANO

Parmesano es un término general que se refiere a un tipo de queso italiano cuyo mejor exponente es el parmigiano-reggiano. La producción de verdadero parmigiano-reggiano se limita por ley a un área relativamente pequeña de la región de Emilia-Romagna, cuyo ambiente es responsable del particular sabor de la leche. El método de producción también está regulado por ley y cada horma de queso debe estacionarse por lo menos 18 meses antes de venderse. Se inspecciona antes de que reciba el sello de aprobación. La mejor manera de comprar el queso es en trozos extraídos directamente de una horma que tenga visible el sello de aprobación. Evite el queso parmesano en paquetes, en especial, los que ya están rallados. No se parecen en lo más mínimo al original.

SAL

Aunque no he indicado la cantidad de sal en las recetas, no debe ser considerada un ingrediente opcional (excepto, por supuesto, si hay serias razones médicas). La sal es esencial para extraer el sabor de la comida y un plato con la sal adecuada tendrá un excelente sabor sin que esté salado. Se puede comprobar esto tomando dos vasos de vino y poniendo un poco de sal en uno de ellos. Huela el vino y notará cuánto más intenso es el aroma del que tiene la sal.

TAMAÑO DE LA OLLA

Necesita una olla de tamaño grande para cocinar la pasta. Debe tener lugar para toda el agua que se requiera para la cantidad de pasta (ver página 45) y para que el agua se levante y la pasta se mueva. Revolver cada tanto mientras se cocina para impedir que la pasta se pegue. No se necesita agregar aceite de oliva excepto cuando se cocina pasta rellena.

TAMAÑO DE LA CUCHARA

Las recetas de este libro usan una cuchara standard: 15ml. Evite las cucharas antiguas y grandes que miden 20ml o más. Una cuchara de té standard tiene 5ml.

TIEMPO

Si se tienen dudas acerca de cuánto tardará en cocinarse una salsa, termínela antes de comenzar a cocinar la pasta. La pasta no necesita mucho tiempo, y nunca debe cocinarse de más, mientras que la salsa puede recalentarse, o cocinarse a fuego muy lento al final. La pasta debe mezclarse con la salsa en el momento en que se cuela.

PESOS Y MEDIDAS

Se dan las medidas del sistema métrico. Todas las medidas se redondean hacia arriba o hacia abajo para que sean más fáciles de usar. Las medidas en cucharadas se usan para pequeñas cantidades de ingredientes secos, como las cebollas picadas, para lograr mayor precisión.

TEMPERATURAS DEL HORNO		
110°C	225°F	gas ¼
120°C	250°F	gas ½
140°C	275°F	gas 1
150°C	300°F	gas 2
160°C	325°F	gas 3
180°C	350°F	gas 4
190°C	375°F	gas 5
200°C	400°F	gas 6
220°C	425°F	gas 7
230°C	450°F	gas 8
250°C	465°F	gas 9
260°C	500°F	gas 10

INDICE

Los números en **negrita** se refieren a páginas con ilustraciones

—————A—————

  ajo y, **48-9**
aceitunas, 153
  fusilli largos con pimientos, aceitunas y verduras, **76-7**
  spaghetti con alcaparras, aceitunas y anchoas, 89
  spaghettini con tomates y aceitunas negras, 74
acelga
  denti d'elefante con pimientos y acelgas, **109**
  fideos de trigo sarraceno con *fontina* y acelga, 97
  sopa romana con pasta y verduras, **132-3**
  tortelloni rellenos con acelga, 134
acini di pepe, **26**
achicoria
  fusilli largos con achicoria, puerros y pimientos asados, 88
  tonnarelli con rabanito y achicoria, **100**, 103
agnolotti, **28**
ají/chile molido, 152
ajo, **152**
  salsa con aceite de oliva, **48-9**
  spaghettini con ajo y hierbas frescas (*alle erbe*), **15**, 72
albahaca, **154**, 155
  bucatini con tomates, albahaca y *mozzarella (alla sorrentina)*, **82**, 84
  cannelloni rellenos con tomates frescos, *mozzarella* y albahaca, 144
  pasta, 31
  pesto di basilico, 145
  "pizza" de *maccheroni* con tomates, albahaca y parmesano, 145
  salsa de *pomodoro e basilico*, **54-5**
alcachofas/alcauciles
  cómo pelarlos, 126-7
  lumache con alcachofas, tocino y tomillo, 126-7
  tortelloni de alcachofas con salsa rosada de tomate, 138
alcaparras, **152**
  spaghetti con alcaparras, aceitunas y anchoas, 89
  spaghettini con camarones, tomates y alcaparras, **73**
  tonnarelli con cebollas, anchoas y alcaparras, 106

alfabetini, 26
almejas
  linguine con almejas y zapallitos/calabacitas/ahuyama, 80
  spaghetti con, **68-9**
  spaghetti con salsa de mariscos, **78-9**
anchoas, **152**
  orecchiette con anchoas y repollo, **23**, 129
  spaghetti con alcaparras, aceitunas y anchoas, 89
  tonnarelli con cebollas, anchoas y alcaparras, 106
anelli, **27**
anellini, **27**
apio
  cómo cortarlo en dados, 151
  spaghetti con tomates, zanahorias y apio, 88
arvejas/chícharos
  paglia e fieno con arvejas / chícharos, jamón crudo y crema, 99, **100**
atún
  fettuccine con atún fresco y crema de azafrán, 92
  spaghetti con atún fresco y pimientos asados, 81, **83**
azafrán, **153**
  pasta, **31**

—————B—————

batata / camote
  cuadrados de pasta rellenos con, (*alla ferrarese*), **29**, 138, **141**
berenjena
  ensalada con pimientos asados y berenjenas, 129
  fettuccine con verduras y salsa de pimientos rojos asados, 92
  fusilli con berenjena, zapallitos / calabacitas / ahuyama y pimientos, **122-3**
  maccheroni al horno con berenjena y *mozzarella* ahumada, 146, **147**
boccolotti, **20**
bucatini, **15**
  con salsa picante de tomates, 84
  con tomates, albahaca, y *mozzarella (alla sorrentina)*, **82**, 84
bucatoni, 15

—————C—————

cabello de ángel, **14**
  cómo cortarlo, **40**
  pasta y pastel de almendras,

148, **149**
calamar
  pasta con tinta de calamar, **31**
  preparación, **78-9**
  spaghetti con salsa de mariscos, **78-9**
camarones
  ensalada de *spaghetti* con camarones y ostiones, 85
  lasagne con camarones y ostiones, **140**, 142
  raviolini de pescado con salsa de camarones, 136, **137**
  spaghetti con salsa de mariscos, **78-9**
  spaghettini con camarones e hinojo fresco, 75
  spaghettini con camarones, tomates y alcaparras, **73**
  tagliatelle con camarones y espárragos, 98
  tonnarelli con camarones y hongos, **104-5**
cangrejo
  tonnarelli con cangrejo y rúcula, 107
cannelloni, **28**
  rellenos con carne (*di carne*), **29**, 144
  rellenos con tomate fresco, *mozzarella* y albahaca, 144
cappelletti, **29**
  relleno, **43**
casareccia, **25**
cavatappi, **19**
  con porotos/frijoles blancos y tomates, 114
  con hongos silvestres y tomates (*alla boscaiola*), **19, 110-1**
  sopa romana con pasta y verdura, **132-3**
cebolla
  cómo cortarla, 151
  ruote di carro con pimientos y cebollas, **124**
  spaghetti con puerros, cebollas escalonias y coloradas, 75
  tonnarelli con cebollas, anchoas y alcaparras, 106
cebolla escalonia
  spaghetti con puerros, cebollas escalonias y coloradas, 75
coliflor
  orecchiette con coliflor y tocino, 120
  penne con coliflor, tomates y crema, 108
conchiglie (conchillas), **22**
  con salchichas, tomates y crema (*alla salsiccia e panna*), **23, 125**
conchigliettes, **27**
conejo

pappardelle con, (*al coniglio*), **101**, 103
coñac
  spaghetti con tomates frescos y coñac, 89
cordero
  rigatoni con *ragu* de cordero, 114, **115**
crema
  conchiglie con salchicha, tomates y crema, **23, 125**
  fettuccine con atún fresco y crema de azafrán, 92
  fettuccine con hierbas, tomates frescos y cremas, 90
  fettuccine con jamón, espárragos y crema, 95
  fettuccine con verduras de primavera y crema, 60-1
  fettuccine con zapallitos / calabacitas /ahuyama y crema de azafrán, 91
  paglia e fieno con arvejas / chícharos, jamón y crema (coi piselli), 99, **100**
  paglia e fieno con hongos, jamón y crema, 99
  penne con coliflor, tomates y crema, **108**
  penne con jamón, tomates secados al sol y crema, 117
  salsa con mantequilla, **64-5**
  tortellini con, 134
chifferi, **20**

—————D—————

denti d'elefante, **20**
  con pimientos y acelga, 109
ditali, **26**
  sopa romana con pasta y verduras, **132-3**

—————E—————

eliche, **24**
elicoidali, **19**
  con pollo dorado y tomates, 112
enebro, **152**
ensalada con pimientos asados y berenjena, 129
equipo, 34-5
espinaca
  congelada, 155
  pasta de espinaca, **30**
  rollo de pasta al horno relleno con, 139
  tortelloni rellenos con, **53**, 134
espárragos
  fettuccine con jamón, espárragos y crema, 95

157

RECONOCIMIENTOS

Agradecimientos del Autor
Primero y principal, a mis padres, Victor y Marcella Hazan. No podría haber escrito este libro sin su inspiración, su apoyo y todo lo que me enseñaron durante años.
A mi esposa, Polly, por su amor, su excelente paladar que resultó invalorable para probar estas recetas, y sus correcciones e instrucciones respecto de mi prosa.
A Jennifer Lang, por recomendarme a DK para este proyecto.
A Robert Lescher, por su aliento y su confianza en mí.
A Mari Roberts, Tracey Clarke, Carolyn Ryden y todo el personal de DK en Londres por su excelente trabajo organizando este libro y por su paciencia conmigo; a Lyn Rutherford por hacer los platos para fotografiar.
A Clive Streeter y Amanda Heywood por sus hermosas fotografías; a Pamela Thomas y a Jeanette Mall y al personal de DK en Nueva York por toda su ayuda y su apoyo.
A Christy McCartney y a Leroy Kunert por probar mis recetas, al personal de Perlina Restaurant en Portland, Oregon, por darme ideas para algunas de las recetas de este libro; al libro de Alberto Consiglio, *I Maccheroni*, que cuenta la leyenda de Chico, el mago napolitano.
Y por último a todos los chefs y cocineros que he tenido la dicha de encontrar en mis viajes por Italia.
Dorling Kindersley quisiera agradecer a Lyn Rutherford por preparar los platos que aparecen en el libro; a Meg Jansz por preparar los platos que aparecen en las páginas 135, 140-1, 147, 148-9; a Steve Gorton por fotografías adicionales (páginas 2, 3, 4, 5, 6); a Steven Begleiter por las fotografías de las páginas 7 y 8; a Sarah Ponder por el trabajo de arte; a Alexa Stace por la asistencia editorial; a Hilary Guy por la ayuda en el diseño de las páginas 32-3 y 70-1; a Deborah Rhodes por ayudar con la organización de las páginas; a Sarah Ereira por el índice; a Carluccio's de Neal Street, en Londres y a Mauro's de Muswell Hill Broadway, en Londres por la pasta fresca para las fotografías del catálogo; y a Patricia Roberts y a Frederick Hervey-Bathurst por ayuda adicional.

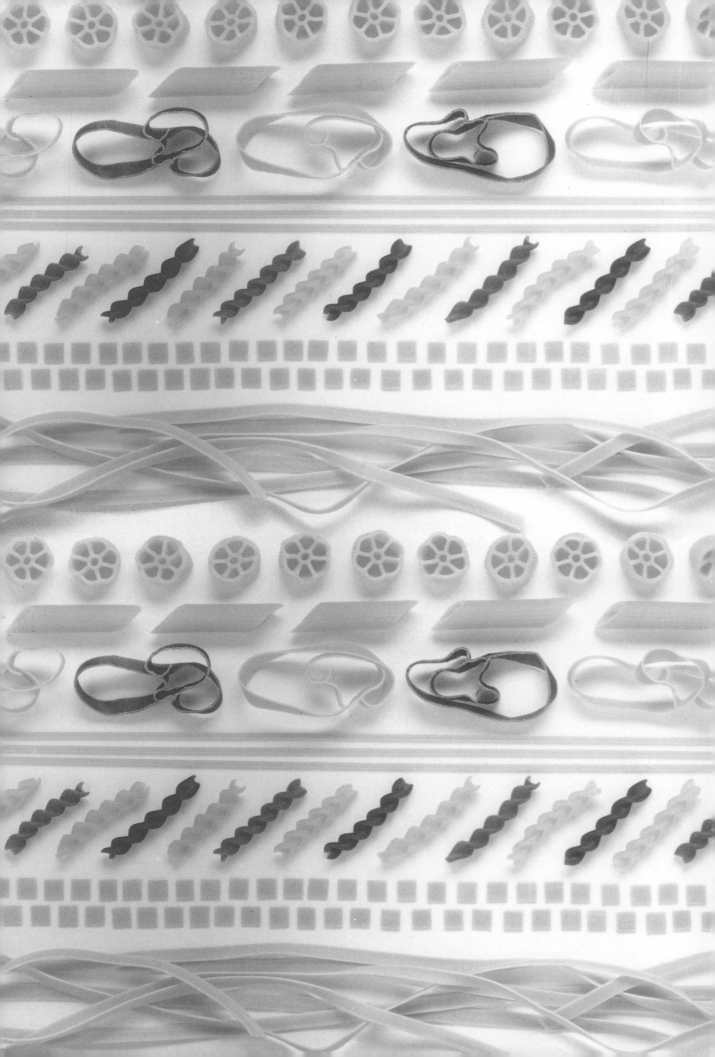